ENERGY EFFICIENCY

Building a Clean, Secure Economy

能源效率

建立清洁、安全的经济体系

[美]詹姆斯·L.斯威尼

清华四川能源互联网研究院　译

中国电力出版社
CHINA ELECTRIC POWER PRESS

内 容 提 要

　　本书分析了 1973 年美国能源危机前后的能源格局变化，揭示了相关政策、技术、法规、激励措施的效力，结合大量翔实案例，让读者能够直观地体会到发生在身边乃至国家层面的变化，力证了能源效率在改善能源经济、缓解环境污染和保障能源安全等方面所发挥的重要作用。本书对我国在能源研究方面具有十分重要的借鉴意义。

　　本书可作为从事能源行业、关注能源行业的管理人员以及工程技术人员的参考用书。

图书在版编目（CIP）数据

　　能源效率：建立清洁、安全的经济体系/（美）詹姆斯·L. 斯威尼（James L. Sweeney）著；清华四川能源互联网研究院译. —北京：中国电力出版社，2017.9（2018.8 重印）
　　书名原文：Energy Efficiency：Building a Clean，Secure Economy
　　ISBN 978 - 7 - 5198 - 1128 - 0

　　Ⅰ. ①能…　Ⅱ. ①詹…　②清…　Ⅲ. ①能源效率－研究－美国　Ⅳ. ①F206

　　中国版本图书馆 CIP 数据核字（2017）第 216710 号

北京市版权局著作权合同登记
图字：01 - 2017 - 5946 号

First published as "Energy Efficiency：Building a Clean，Secure Economy" by the Hoover Institution Press，Stanford University，Stanford，California，U. S. A.

Ⓒ 2016 Copyright by the Board of Trustees of the Leland Stanford Junior University.

出版发行：中国电力出版社
地　　址：北京市东城区北京站西街 19 号（邮政编码 100005）
网　　址：http：//www. cepp. sgcc. com. cn
责任编辑：王春娟　高　芬（fen-gao@sgcc. com. cn）　安　鸿
责任校对：郝军燕
装帧设计：郝晓燕　左　铭
责任印制：邹树群

印　　刷：北京九天众诚印刷有限公司
版　　次：2017 年 9 月第一版
印　　次：2018 年 8 月北京第二次印刷
开　　本：710 毫米×980 毫米　16 开本
印　　张：11.25
字　　数：136 千字
印　　数：2001—4000 册
定　　价：68.00 元

序 一

在全球应对气候变化日益紧迫的形势下，能源体系的变革已成为世界潮流。一方面是大力节能，提高能源效率，减少能源消费；另一方面是大力发展新能源和可再生能源，加速能源替代，促进能源结构的低碳化。从而建立高效低碳的能源供应体系和消费体系，减缓二氧化碳排放，努力实现全球控制温升不超过2℃的目标，保护地球生态安全和人类社会生存与发展。

在可持续发展框架下应对气候变化，核心是持续大幅度地降低GDP的能源强度和碳排放强度，也就是大力提高单位能源消费和单位碳排放的经济产出效益，以尽量减少能源消费和碳排放，支撑经济社会的持续发展。降低GDP能源强度的途径，既包含提高能源生产、转换及利用各环节的能源效率，以尽量少的一次能源消费，满足终端能源服务需求，即技术节能；也包含改变生产方式和消费方式，减少终端能源服务需求，以及调整经济结构，促进产业转型升级，提高产品增加值率等，即结构节能。而以新能源和可再生能源替代化石能源，则可降低能源的碳排放强度。GDP的能源强度下降与能源的碳排放强度下降两个因素叠加起来，将使GDP的二氧化碳强度以更快的速度下降，从而实现经济发展与二氧化碳减排双赢的格局。本书的第四章对此展开了详细的论述。

在保障全球GDP增速3.0%左右的前提下，为了实现全球温升不超过2℃的目标，全球GDP的碳排放强度年均下降率需尽快提高到4%以上，才有可能在 2030 年实现碳排放量降低 20％以上的目标，以及在 21 世纪下半叶实现"净零排放"的减排路径。2005～2014 年，全球 GDP 的碳排放强度年下降率只有约 1％，发达国家平均年下降率也只有 2％左右，而中国则达到 4.5％，我国的节能降碳成效世界瞩目。鉴于中国工业化、城市化快速发展阶段特有的产业结构特征以及以煤炭为主的能源资源禀赋，当前的 GDP 碳排放强度仍然高于世界平均水平，还存在较大的下降空间和潜力。应对气候变化是为了全人类的共同利益，世界各国都需要进一步加大能源变革和低碳转型的力度。为实现我国在《巴黎协定》中提出的"到 2030 年 GDP 碳排放强度比 2005 年下降 60％～65％"这一国家自主贡献目标，当前的 GDP 碳排放强度年下降率需要保持在 4％以上，尤其是要实现到 2030 年左右碳排放达峰并争取早日达峰的承诺，届时 GDP 的碳排放强度年下降率仍必须保持在 4％～5％的水平，以支撑届时年均 GDP 增速 4％～5％的需求，用大幅度降低的 GDP 碳排放强度来抵消 GDP 增长带来的碳排放增量。届时新增的能源需求则依靠增加非化石能源供应来满足，化石能源消费量总体上不再增长。

在加速促进 GDP 碳排放强度下降的过程中，当前和今后相当长时期内，节能和提高能效将发挥主要作用。2005～2016 年，我国 GDP 碳排放强度年均下降 5.0％，其中 GDP 能源强度年均下降率为 4.2％，单位能耗的碳排放强度年均下降率为 0.87％，节能和能效提高带来的能源强度下降对 GDP 碳排放强度下降的贡献率达 80％以上。这与本书介绍的美国的情形相近。今后随着新能源和可再生能源的快速发展，非化石能源比例的基数将快速增大，对化石能源的替代将会加速，能源结构低碳化的贡献率也将会逐步提高。在实现全球控制温升 2℃目标的减排路径下，当前 GDP 的碳排放强度年下降率要尽快提升到 4％以上，其中 GDP 能源强度年下降率要达 2.5％～3.0％，单位能源的碳排放强度年下降率要达 1.0％～1.5％，节能和提高能效仍将发挥重要作用。

詹姆斯·L. 斯威尼教授的新作《能源效率：建立清洁、安全的经济体系》，深入浅出地揭示了能源效率的本质以及提高能源技术和经济产出效益的重要作用及途径。望本书的出版，可促进全社会共同努力，推动我国能源生产和消费革命，促进经济发展模式向绿色低碳转型。

国家气候变化专家委员会副主任

清华大学原常务副校长

2017 年 8 月

序 二

　　今年元月我又到访斯坦福大学，获朋友赠本书英文版，回程飞机上便迫不及待地翻阅，发现它语言朴实、数据充分、观点鲜明、论证有力，不仅让我了解到美国能源效率管理与政策的方方面面，其严谨的研究方法也使我受益匪浅。当前，我国正处于能源消费革命的关口，美国的经验教训对于我国制定能源发展战略、法规、政策、标准等都有十分重要的借鉴意义，由此萌生让清华四川能源互联网研究院翻译本书的念头。

　　中国已成为世界上最大的能源消费国，《BP 世界能源统计年鉴 2016》显示，2015 年中国能源消费占全球消费量的 23％，全球 2015 年年均净增长能源中有近 1/3 被中国消费。改革开放以来，伴随着经济的蓬勃发展，能源需求量迅速攀升，能源缺口日益扩大；2015 年，我国能源对外依存度达到 15.9％，其中原油对外依存度最为严重，突破 60％，能源供给形势依然严峻！

　　要扭转这一局面，应从"开源"和"节流"两方面入手，即扩增产量，缩减需求。如何在不制约经济发展的前提下降低能源强度（单位 GDP 所消耗的能源）已成为能源发展的关键问题。尽管近年来我国能源强度持续平稳下降，"十二五"期间下降幅度超过 16％，但截至 2016 年，我国能源强度仍然高于欧美发达国家、印度以及世界平均水平。《"十三五"节能减排综合工作方案》提出：到 2020 年，全国能源强度比 2015 年下降 15％。经济发展需要消费能源，在保障国民经济蓬勃发展的同时要降低能源强度，就必须全面提升能源在生产、输送和消费过程中的效率。2014 年的全国能源系统总效率不到 40％，将近 2/3 的能源浪费在生产、输送和终端能源消费环节。因此，提升能源系统综合效率是我国能源发展的核心目标之一。习近平主席曾在 2014 年 6 月中央财经领导小组第六次会议上强调：面对能源供需格局新变化，国际能源发展新趋势，保障国家能源安全，必须推动能源生产和消费革命！这不仅需要制定明确的发展战略，也需要借助一系列法规、政策、标准、激励措施等方可完成。

詹姆斯·L. 斯威尼教授在斯坦福大学长期从事美国能源法规、政策、标准等方面的研究，长期为政府谏言献策，对能源法规政策和标准的制定及执行效力有着全面而深刻的认识，大量的研究成果在本书中得以体现。斯威尼教授通过分析 1973 年美国能源危机前后的能源格局变化来揭示相关政策、技术、法规、激励措施的效力，结合大量翔实案例，让读者直观地看到发生在身边乃至国家层面的变化，力证了能源效率在改善能源经济、缓解环境污染和保障能源安全等方面所发挥的重要作用。此外，通过本书我们也了解到在推动能源效率提升的过程中，提升能源管理水平与节能技术显得同样重要，因此二者需要齐头并进。

本书凝聚了詹姆斯·L. 斯威尼教授以及清华四川能源互联网研究院全体同事的汗水和心血，希望广大从事能源行业和关注能源行业的管理人员、研究人员、工程技术人员能从本书中汲取有用的知识，为打造一个健康高效的能源体系而共同努力。

清华大学电机系主任、教授

清华大学能源互联网研究院院长

曾嵘

2017 年 8 月于清华园

译者序

在传统的能源行业中，对能源生产端的重视程度要大于能源传输和消费端。过去几十年，我国能源发展的重点都在提升能源生产力，以满足经济发展需求，能源效率问题没有得到应有的重视。随着能源供给波动加剧和大气污染问题日益严重，能源的经济性、安全性和环境性（即书中的能源政策"三角"）受到了越来越多的关注。在解决这些问题的过程中，提升能源效率可以与扩大和优化能源生产扮演同等重要的角色。要推动提升能源效率逐步走向能源舞台的中央，发挥其可以发挥的重要作用，需要研究机构、政府部门和能源生产、传输及消费企业，乃至每个人的共同努力。而推动能源效率的提升，正是清华四川能源互联网研究院组建能效研究课题组和翻译《能源效率：建立清洁、安全的经济体系》一书的初衷。

《能源效率：建立清洁、安全的经济体系》一书由斯坦福大学教授詹姆斯·L. 斯威尼编写。译者在初次拿到英文书籍时，一气呵成完成了通篇阅读，不忍释卷。詹姆斯·L. 斯威尼教授在能源经济学与政策研究领域成果卓著，他对全球气候变化、能源效率、电力市场和能源市场结构均有极为深刻的研究。詹姆斯·L. 斯威尼教授是斯坦福大学 Precourt 能效研究中心的创始人兼中心主任。该中心以提升能源效率为宗旨，通过分析高效益和可执行的能源政策，策划能效项目，研究能效技术，为美国政府提供决策建议，发起商业化能效项目，推动市场格局的革变。清华四川能源互联网研究院与詹姆斯·L. 斯威尼教授和 Precourt 能效研究中心均建立了紧密的合作关系，并在信息交流、学术研究和能效项目方面已开展了合作。研究院希望以翻译此书为契机，在国内倡导、践行通过提升能源效率来改善能源经济性、安全性和环境友好性的理念，为我国正在开展的"能源革命"贡献一份力量。

在本书的翻译过程中，课题组尽量尊重原著中的分析思路和方法，保留了原文的计量单位，如美元、英镑、英国热量单位（BTU❶），希望读者加以注意。

课题组成员（不分先后）：高文胜、刘毅、高浪、何正旭、周粲、李少婷、李敬、熊天龙、谢洹、张小卉、胡逾超、陈衢渠。

译　者

2017 年 7 月

---

❶　BTU（British Thermal Unit），英国热量单位（简称英热单位），定义 1BTU 为将 1Ib 水的温度升高 1℉所需要的热量。1BTU 约等于 251.9958Cal、0.293Wh 或 1.055kJ。

原版序

　　世界正处于能源变革时代，美国也不例外。此前低收入国家由于经济发展需求迫切，能源需求旺盛。除此之外，从中国人对新鲜空气的渴望就能看出，人们对于能源与气候、环境相互影响的认识正在逐渐加深。当然，能源对国家安全的深刻影响也在能源危机之后深入人心。

　　詹姆斯·L.斯威尼多年以来一直在研究能源问题，尤其是关注如何更加有效地使用能源的研究。本书对此问题的讨论提供了大量翔实可靠的信息，并得出结论：迄今为止，能源效率对于我们达成能源目标做出了巨大的贡献。

　　最干净的能源是什么？没有被使用的能源。最便宜的能源是什么？没有被使用的能源。最安全的能源是什么？没有被使用的能源。所以能源效率就像三重奏。

　　能源的有效利用有许多方法，比如单纯的能源意识就能促进能源效率的提升。曾经加州电力危机时，我们将办公大楼走廊的灯光调暗，不仅缓解眩光，还增加了光感舒适度。同时还关闭了无人办公室的电灯。结果是，节省了13％的电能。这一过程中既没有任何新发明，也未带来任何不便之处。

　　当然，价格也是提高能源效率的一个主要动力，相关图表在1973年都出现了转折点，本书描述了这些有趣的现象。

　　我还记得当年的情景，时任财政部长的我曾经发出警告，中东动荡局势的主要威胁在于能源供应。美国在赎罪日战争之际为以色列提供补给，因此导致了阿拉伯国家的石油禁运，这给整个美国历史留下了深远的影响。圣诞节灯光暗淡、周末加油站关闭的景象仍历历在目，能源战略的重要性就此以独特的方式呈现在人们面前。

虽然结束石油禁运后，石油价格有所下降，但仍波动不断，比如 1979 年伊朗革命时期油价再次上涨，以及最近 20 年来油价的居高不下。

1973 年的转折点清晰有力地证明了人们有能力应对高额的能源价格和能源供应短缺的问题。本书还进一步地提供更多有关应对措施的案例，例如，广泛使用 LED 照明将对用电量产生重大影响。

通过本书分析可以清楚地看到，能源效率对美国能源现状的贡献远大过其他单一因素，数量上甚至超过了美国国内所有新增的能源供应之和。此观点不是低估替代能源的重要性，而是敦促人们持续关注能效的提升。

就我个人而言，我在斯坦福大学的屋顶上安装了太阳能电池板，我的电动车也非常节能。长期以来，我节约的电费早已超过太阳能电池板的成本，电动车用电量远远低于太阳能电池板产生的电量，可以说我实际是依靠太阳能来开车的，这有什么不好的呢？

我一直提倡碳税中立。本书中的图片证明了人们会对价格做出反应，所以，让我们继续关注哪些措施有效以及哪些措施会持续有效。詹姆斯·L. 斯威尼的这本书充满了思想和论据，引领我们创造更美好的未来。

美国前国务卿、财政部长　乔治·P. 舒尔茨

托马斯 W. 和苏珊·B. 福特讲习研究员

加州斯坦福大学胡佛研究院

致　谢

2006 年 10 月，Precourt 能源效率中心（Precourt Energy Effieiency Center，PEEC）在校友 Jay A. Precourt 的慷慨捐赠下于斯坦福大学成立。PEEC 作为斯坦福大学的研究机构之一，充分利用全校的科研资源，推动节能技术、制度和实践的落地，尤其重视经济性。Jay A. Precourt 在资金、精神、管理和技术方面的持续支持保障了 PEEC 的正常运营，他也资助了斯坦福大学 Precourt 能源研究所，而 PEEC 是 Precourt 能源研究所的一部分。

感谢 Precourt 能源效率中心的大力支持，此书才得以完成并出版。

胡佛研究院的 Shultz-Stephenson 能源政策工作小组致力于研究美国能源政策及其对美国国内和国际政治重大事项的影响，特别是对美国国家安全的影响。这个工作小组的负责人是乔治·舒尔茨。他鼓励我写一本书，并经常提醒和督促我。几十年以来，他一直是我写作的动力来源。

感谢埃克森美孚公司通过斯坦福经济政策研究院为本书的编纂提供了部分资金支持。

最后，感谢美国能源部的能源信息署（Energy Information Administration，EIA），其网站上丰富的高质量数据对本书的量化统计至关重要。

在撰写本书的过程中，许多人提供了宝贵的帮助。我的妻子苏珊·斯威尼一直鼓励我，并对本书做出评价，在写作过程中一直陪伴着我。此外，还有很多人为之前的书稿提供了有用的意见、想法、批评、知识产权上的援助和语言建议，包括：克里斯蒂娜·安吉利迪斯、嘉莉·艾莫、杰夫·宾格曼、拉尔夫·卡瓦纳、罗斯·沙南、约翰·克纳莫斯、丹尼·柯伦华德、大卫·费多尔、温迪·福克、马克·金、大卫·戈尔茨坦、凯特·肯尼迪、乔纳森·库梅、斯科特·利策尔曼、托尔·马尔金、罗伯特·马克斯、杰伊·普雷库尔、加布里埃尔·罗森塔尔、安苏曼·萨胡、安德烈亚斯·沙费尔、乔治·舒尔茨、迈克尔·西瓦克、丹尼尔·施佩林、杰里·斯威尼、玛格丽特·泰勒、罗兰·王和约翰·韦安特。最后特别感谢乔治·斯威尼和戴安·格鲁尼奇对本书提出的宝贵意见。

图目录

表目录

目 录

绪　论

1973 年，石油禁运和世界石油价格增至三倍使得能源世界发生了根本性的变化，油价在随后的十多年里居高不下。出于对国家安全和经济等方面的考虑，美国将注意力放在减少石油进口上。近些年，人们认识到全球气候的变化和化石燃料导致的碳排放问题，于是出于对环境的考虑，又将注意力投向减少温室气体排放上。因此，自 1973 年以来，能源政策聚焦于能源对三大复杂的关键系统（即经济、环境和安全所构成的"能源政策三角"）所产生的影响。

提高能源效率（以下简称"能效"），降低了经济的能源强度，即单位 GDP（定值美元）能耗（本书中提高能效被定义为经济有效地减少能源消费）。同时对于国家安全、环境和经济也大有裨益。本书第 1 章主要介绍能源政策的背景。

自从石油禁运以来，个人、企业及其他组织已经找到了经济有效地减少能耗的方法，能效就在我们身边，本书第 2 章会对这个话题进行讨论。例如，在相同光照强度的前提下，高品质的 LED 灯泡功率仅为 11W，而白炽灯的功率为 60W。虽然 LED 灯泡较贵，但消费者在后续使用中所节省的电费远超这部分新增成本，同时还有利于环境保护和能源安全。目前，消费者购买的冰箱耗电量不到 1973 年冰箱耗电量的 1/3；新车的单位油耗行驶里程大约是 1973 年汽车的 2 倍；航空旅行单英里乘客油耗仅为 1970 年的 1/4。企业采用了数据驱动的方法发现能效低下的问题并减少能耗。写字楼通过能源方面的业主—租客合作以及新的合同结构来提升能效。企业采用行为干预策略来激励员工行使提高能效的做法，例如许多企业采用了内部碳定价制度来激励内部变革。

上述这些只是我们身边能效变化的实例。第 3 章将利用美国的经济数据来量化分析能效对总体能源消费量产生的影响。在分析时遭遇的一大挑战是，虽然可以很容易地测量能源生产总量，但却无法准确地测量因节能技术和实践而减少的能源消费量。因此，为了量化能效提升所产生的影响，本书构建了一个"有限能效"基准，这个基准维持了能源危机之前适度的能效提升速率，用于模拟在能效有限增长的情况下的能源消耗。能源危机爆发之前，人们很少关注能效，且能源消费量的增长略低于经济增长。

面对进口石油的高昂成本和进一步石油禁运所造成的威胁，美国联邦政府和各州政府制订了相应的政策来增加国内能源供应和降低经济的能源强度。在私人部门，节能成为产品和工艺考虑的一个因素。家庭开始改变他们与能源相关的选择。

这些因素共同作用，开启并维持了能效提升的缓慢累积过程。整个经济的能源强度以前所未有的速度大幅下降。从 1973 年开始，到 1985 年油价暴跌为止，高昂的能源价格、诸多能源政策计划以及对能耗的高度关注使得能源强度平均每年下降 2.7％。世界石油价格的暴跌使公众对能源安全的关注有所下降，转而越来越担忧全球气候变化，能源政策活动开始松懈但没有消失。1985 年至今，平均能源强度每年下降 1.7％。

40 年以来，平均能源强度每年下降 2.7％或 1.7％。最终的结果是：整个美国经济的能源强度下降了 57％，单位美元 GDP 从 1973 年的 14000 BTUs 降至 2014 年的 6000 BTUs（均按 2009 年的美元价值换算）。在有限能效基准下，能源强度也会有所下降，但事实上能效提升在更大程度上促进了能源强度的下降。由于能效提升，能源消费量被限制在每年 100 千万亿 BTUs；如果没有这

些能效提升，则能源消费量将会是每年 180 千万亿 BTUs。❶

人们往往无法认可这些显著的结果，部分原因在于能效方面的进展是由微小变化累积起来的，它们广泛分布，但外界往往难以察觉。

本书第 4 章会探讨：对美国能源安全和温室气体排放来说，能效的变化是至关重要的。自 1973～1974 年能源危机以来，美国的能效提升对于遏制温室气体排放和减少能源净进口量上的作用，要大于国内石油、天然气、煤炭、地热能、核能、太阳能、风能和生物质能生产总量之和。

图 1 中绘制了 1950～2014 年美国的能源消费量、国内供应量和一次能源❷净进口量的曲线，展示了能效和美国国内能源生产变化所产生的量化影响。能源消费总量（以蓝线表示）减去国内能源供应总量（黑色、紫色和绿色区域）即可得出能源净进口量。美国一次能源真实产量曲线上方的浅灰色区域表示，实际能源净进口量，浅灰色区域加深灰色区域表示有限能源效率基准下的能源净进口量。

美国能源净进口量已经跌破 1973 年的水平。美国所有能源的产量每年增加 24 千万亿 BTUs（如黄色箭头所示）；能效的提高使得 2014 年能源消费量减

---

❶ 能效发挥了巨大作用这一观点并非本书的原创观点，之前许多作者曾提出这一观点。被誉为"能效之父"的阿特·罗森费尔可能是推广能效概念的第一人，也是最为知名的人士。他的学生埃默里·洛文斯在过去几十年来一直把能效称为"以规模最大、价格最优、最为良性、最快部署、最不可见、最难理解和最容易被忽视的方式来提供能源服务"。（A. B. Lovins. 能效分类概观. 加州圣地亚哥，英国牛津：Elsevier 能源百科全书，2：383 - 401（2004）.）最近，国家研究委员会发布的题为《美国能源的未来》和美国能效经济委员会（ACEEE）发布的《美国能效：35 年的统计数据》很好地阐述了这一结论（2015 年 6 月 30 日，Steven Nadel，Neal Elliott 和 Therese Langer，研究报告 E1502）。美国能源部在 http://www1. eere. energy. gov/analysis/cii_index, html 上公布能源指标数据。玛丽莲·布朗和王宇最近发表了关于该领域的文章《以绿色方式节约能源：政策和市场如何推动能效提升》。许多其他文件都得出了一个结论，即能效对美国能源系统至关重要。

❷ 本报告中的一次能源消费量或产量数据均以千万亿 BTUs（即 10^{15} BTUs）为计量单位。一次能源包括原油、天然气、煤炭、地热能、核能、太阳能、风能和生物质能。一次能源可以转换为"二次能源"或"能源载体"，如电力或成品燃料。

少 80 千万亿 BTUs，是国内所有能源新增产量的 3 倍以上。能效的提升让美国走上能源自给自足的道路，极大地保障了能源安全。

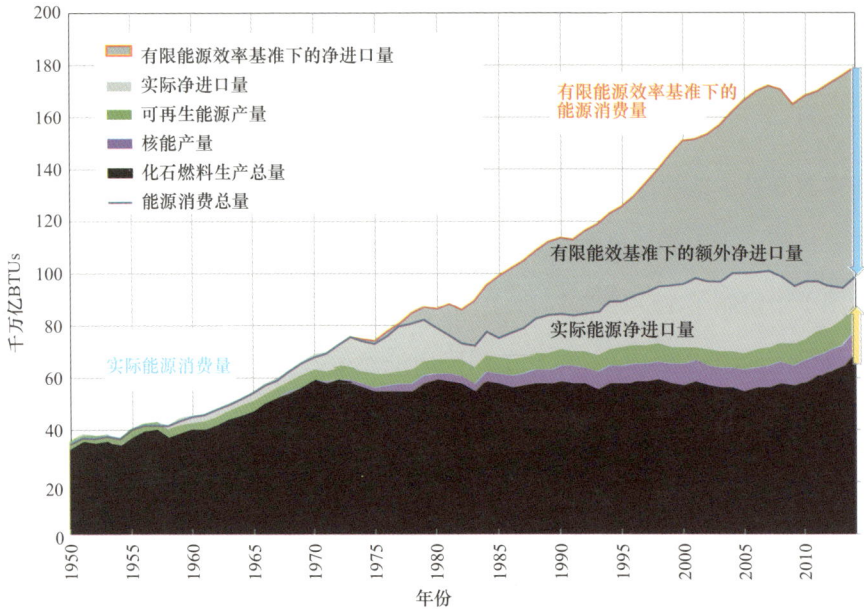

图 1　美国能源净进口量：实际能源消费以及有限能效基准下的能源消费

如果能效没有提高，美国的能源净进口量不会真正增加到 100 千万亿 BTUs，世界能源市场不会允许这样的增长。从政治角度来看，这么高的进口量也是不可接受的。高进口量将引发进口能源价格大幅上涨，美国所有一次能源的产量、发电装机以及能效提升行动都会随之增加。即使发生了这些变化，倘若能效未能有效提升，能源进口量仍然会大幅增加（特别是石油，也可能是煤炭），从而极大地威胁能源安全。一些能源产量的增加和大幅提升的能效提升避免了上述所提到的严重后果。

能效也在减少碳排放方面占主导地位。经济总体的碳排放强度（单位 GDP 的二氧化碳排放量）可以由能源消费的碳排放强度和经济的能源强度的乘积构成。能量消费的碳排放强度由各种能源（例如石油、天然气、煤炭、水电、核能、风能、太阳能和地热能）的消费比例决定。低碳或零碳能源的比例越高，能源消费的碳排放强度越低。

以 1973 年的经济碳排放强度为标准（数值为 1.0），1950～2014 年的美国数据如图 2 所示。图 2 显示了自 1973 年以来经济碳排放强度的百分比变化，可分为三个部分：1973 年之前的能源强度趋势（标记为蓝色区域）、自 1973 年以来提高能效所产生的影响（标记为绿色区域）以及能源消费脱碳所产生的影响（标记为灰色区域）。

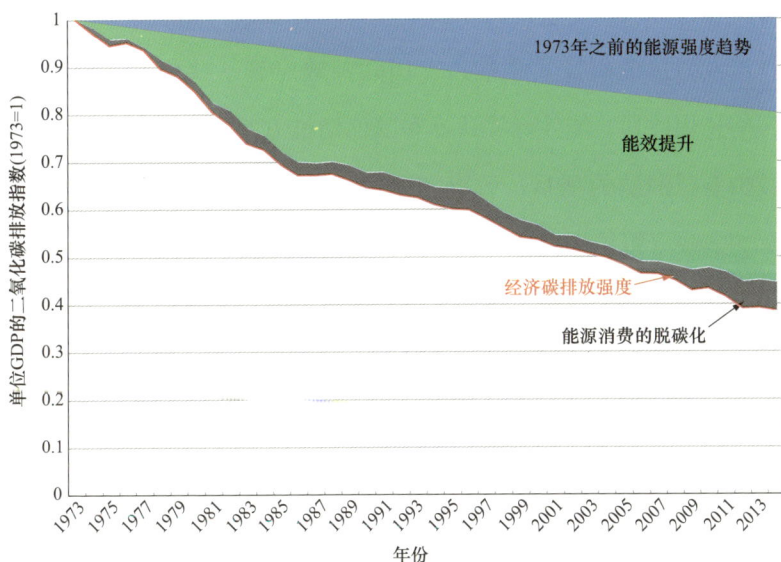

图 2　导致美国经济碳排放强度降低的主要因素

在这三个因素综合作用下，美国经济的碳排放强度降低至 1973 年的 39％，如图 2 中代表"经济碳排放强度"的红线所示。

从降低经济碳排放强度方面来看，自 1973 年以来，降低美国经济的能源强度（图 2 中的绿色区域加蓝色区域）的重要性是降低能源消费的碳排放强度的 9 倍。提高能效产生的影响是降低能源消费的碳排放强度的 6 倍。

第 5 章具体讨论了四个主要能源消费领域（住宅、交通、商业和工业）的能效变化。表明能效的提升并非集中于经济活动中的任何一个单独领域，而是广泛分布于所有的主要耗能部门。本书重点关注工业领域，该领域中大约一半的能源强度降低量源自经济结构转型，另一半源自现有工业中实施的改善措施。

哪些力量在背后驱动着这些显著变化？第 6 章表明，能效日积月累、广泛分布的增长源自多种力量的综合作用。这些力量包括：能源价格伴随经济的增长；对能源的态度发生的变化；人们提高了对能源问题的认识，其中包括能源进口的不安全性和温室气体排放造成的环境恶化；提升能效成为一项可产生利润的战略；私营部门和公共部门在技术和管理方面进行创新，而这些创新往往是通过直接或间接的研发实现的；美国联邦政府和一些州政府制定了能效规定，推行信息化计划、能效标签认证和其他助推方案。许多公用事业部门启动了旨在减少能源消费的项目；政府和公用事业部门发放补贴来加速技术的推广；现有的非政府组织也把注意力转向能效，并创建了相关的机构。

如果把这些变化仅归功于市场竞争、政策监管、价格上涨、意识提高、公用事业计划或助推中的任何一种单一因素，我们就无法从美国能效发展历史中获得宝贵经验，事实上这些因素在能效提升方面是相互促进的。同时，能效的提升不仅仅发生在一个地方。相反，它们广泛分布在企业、政府机构、家庭和交通系统中。

本书第 7 章主要讲述过去 40 年的政策经验为未来发展提供的一些参考。展望未来，保持上述因素的基本配置对于维持能效带来的收益至关重要。尽管完全经济有效地降低能耗仍然存在许多障碍，但可以通过采取针对性的手段来解决如市场失灵、结构性障碍和行为习惯等问题。

能源强度降低的趋势可以比较容易地保持下去，但如果能通过提高公众意识、制定适当的价格与政策、增加研发投入等方式来提高能效，有助于我们加快这一趋势，这将对环境保护、国家安全和美国经济产生更为有利的影响。

第1章
能源效率的政策背景

奥巴马总统在《2013年国情咨文》中回顾了他上任以来美国在能源领域所取得的进展，并表示将采取所有方法来推动其进一步进展。随附的《白宫情况说明书》聚焦于美国国内能源生产及其对经济、能源安全和环境所产生的影响：

> "自奥巴马总统上任以来，石油和天然气的产量逐年增加，石油进口量已经跌至20年以来的最低水平。风能、太阳能和地热能等可再生能源的发电量翻了一番；危及地球的碳排放已经降至近20年来的最低水平。简而言之，奥巴马总统的方案正在发挥作用。从经济、能源安全和环境方面来看，这是一个成功的战略。❶"

虽然奥巴马总统的总结性讲话聚焦于美国国内能源供应，同时这届政府对轿车和卡车的能效也给予了肯定。但是，奥巴马似乎忽视了几十年以来其他能效的持续提升：

---

❶ 情况说明书：奥巴马总统关于清洁和安全的能源的未来蓝图，新闻稿. 新闻秘书办公室，2013年3月15日. https://www.whitehouse.gov/the-press-office/2013/03/15/fact-sheet-president-obama-s-blueprint-clean-and-secure-energy-future。

> "美国环保署（Environmental Protection Agency, EPA）发布了一份新的报告，强调了美国在改善燃油经济性、为美国家庭节省油费以及减少碳排放进而缓解气候变化方面所取得的进展。❷"

和美国两党的大部分能源声明一样，《白宫情况说明书》较少关注1973～1974年能源危机以来诸多的能效提升实例。虽然大部分行动是围绕能源市场需求侧来展开，但能源市场供给侧仍然成为政治话语的焦点。

事实上，能效的历史性变化对美国能源安全和环境产生了更为有益的影响，超过石油、天然气、煤炭、地热能、核能、太阳能、风能和生物质能等国内产量增长的总和。

本书回顾了自1973～1974年能源危机以来美国能效提升的历程，并记录了能效对经济、能源安全和环境做出的贡献。历史表明，如果美国维持过去40年来的格局，就可以在未来继续享有能效提升所带来的诸多效益。提高公众意识，制定适当的价格与政策及其他策略能够加快能效提升的趋势，这将进一步为环境保护、国家安全和美国经济发展创造效益。

1.1　将能效作为一项能源政策战略

要理解为什么能效（即经济有效的方式降低能耗）是一个理想的政策战略，需要回顾1973～1974年的能源危机以来支撑美国能源政策的基本目标❸。不仅美国制定了这些目标，国际上也普遍认可。但是，不同的国家对这三个目标有着不同的侧重点。

---

❷　同❶。
❸　由《白宫情况说明书》可以看出，奥巴马总统采纳了这些政策。

通常而言，制定能源政策是为了改善经济健康状况并实现经济增长、保护国内外环境、加强国内外安全。能源政策"三角"总结了这三个政策目标（如图 1-1 所示）。

1.1.1　环境

能源相关的环境问题包括能源生产和消费带来的诸多国内外影响。提升能效对环境有利，因为能源消费的减少意味着需要生产、运输或输送的能源更少。几乎所有的能源生产和运输都带来不利的环境后果，而提升能效会降低对环境的影响，也就是说"最清洁的能源是不使用能源"。

图 1-1　能源政策"三角"

能效提升对于环境问题的重要影响还体现在减少温室气体排放（二氧化碳或甲烷）方面。在美国，化石燃料的燃烧是温室气体的主要排放源。本书的后续章节会量化分析能源强度变化和能源系统去碳化的作用。

其他国内环境问题包括颗粒物、氮氧化物、二氧化硫等大气污染物的排放❹，与生产化石燃料（如煤炭或天然气）相关的水污染，使用水来生产一次能源或把一次能源转化为电力，以及自然栖息地的破坏。

1.1.2　安全

美国过度依赖国外能源将引起一系列的安全问题，包括蓄意的石油进口限制，能源价格剧烈波动造成的国家脆弱性，以及他国对美国外交政策的限制。国内安全问题包括针对能源基础设施（如电网）的恐怖袭击或自然灾害（如飓风或其他风

---

❹　通常而言，提升能效降低了排放量，但有些变化（例如针对柴油车）可能在改善的同时导致一些不利影响。

暴）造成的影响。因此，能效的提升有利于保障国家安全。至少在过去的 60 年中，美国一直是能源（特别是石油）净进口国。能源危机后，能效提升使美国能够减少能源进口，很快就能实现自给自足，其中能效提升比增加国内能源供应发挥着更大的作用。减少用电量可以缓解输电线路的压力和电网拥堵，同时可以通过减少负荷波动来提高现有电网的灵活性，从而增强国家安全。

本书引用了美国能源信息署的数据来分析能源净进口量的变化，并分别区分了能效提升以及国内能源生产总量增长带来的影响。

1.1.3 经济

经济问题包括 GDP 增长、就业数量和质量以及财富分配。

根据前文的定义，经济有效地节能对总体经济大有裨益，即经济收益超过经济成本。政府减少能源消费可以为联邦政府节省成本，减少联邦赤字和贸易赤字；企业减少能源消费可以使他们获得更多的利润从而增加 GDP；家庭减少能源消费可以带来更多的可支配收入。特别是对于低收入人群而言，减少能源支出对于整体福利来说具有重要的意义。减少用电量可以避免建造数千兆瓦的新发电站，从而节省几十亿美元的资金投入。

但并不是所有能源消费的减少都是低成本高效益的。能源消费的增长通常与经济发展相关，为了减少能源增长而限制第三世界国家的发展并非是经济有效的。这些结果表明，我们需要明确“能源效率”或“能效”的定义。

1.2   术语：能源效率、节能、能源强度和能源生产力

在经济活动中使用能源效率（简称能效）、节能、能源强度和能源生产力这四个术语来描述能源利用现状及其变化。能效和节能通常用于描述能源消费

方式或消费量的变化或差异，适用于设备、工艺、业务活动或个人选择。能源强度和能源生产力提供了能源消费总量的总体指标，与经济规模相关。

例如，用一盏 11W 的 LED❺灯替代一盏 60W 的白炽灯，虽然它们提供相同的光照效果，但这一替换改变了提供相同光强所需的能量。从具体设备的角度来看，11W 与 60W 描述了设备的能耗差异。"使用 11W 的灯"这一改变通常被称为改善、增强或提高"能效"，这种改变也可以被称为节能。在房间无人时确保关灯通常被称为节能，但也可以被称为改善、增强或提高"能效"。这两者都是用来描述能源消费方式的变化或不同能源消费方式之间差异的。

一个经济体中针对能源消费的所有决策决定了能源消费总量。能源强度是衡量经济中能源消费总量的总体统计数值，而非衡量能源消费变化的指标。"能源强度"指的是：所有经济领域的能源消费总量与 GDP（通货膨胀调整后的 GDP）的比值。类似地，"能源生产力"指的是 GDP 与所有经济领域的能源消费总量的比值。

能源强度和能源生产力是简单的倒数关系。例如，2014 年美国经济的能源强度为每创造 1 美元 GDP（按 2009 美元价值计）消耗 6120 BTUs 能量。能源生产力为每消费一百万 BTUs 能源可创造 163.40 美元 GDP❻。固定 GDP 的前提下能源消费量减少 1%，能源强度将降低 1%，同等的，能源生产力将提高 1%。

本书中，主要使用能源强度这一术语，而非能源生产力。能源强度一直是更为常见的评价指标，它准确描述了经济总量与能源消费的关系❼。

能源强度这一综合统计数据反映了所有能效或节能措施。能源强度可以反

❺　LED 是发光二极管的简称。
❻　每单位美元 GDP 消耗 6120 BTUs，那么消耗一百万 BTUs 的能源可以产生 163.40 美元的 GDP。
❼　"能源生产力"已被部分用作一种提升能效的营销策略。例如，节能联盟政策和研究人员妮科尔·斯蒂尔表示"（能源生产力）这个概念某种层面上在以不同的方式衡量能源效率。"在传统观念中能效具有消极的内涵：因为提升能效意味着关闭恒温器和穿上毛衣。她补充道："现在有一个更积极的方式来描述能效。您可以使用它来获得更多收益。"请参见：http://greentechadvocates.com/2013/02/14/goodbye-energy-efficiency-hello-energy-productivity/。

映整个经济体的能效提升，但并不直接用于衡量能效。

能源强度由美国政府的统计机构（特别是美国能源部能源信息署）计算和报告。我们需要制定一些公约来计算能源消费总量❽和国内生产总值，并保持这些公约在长时间内不变，从而使得这些报告中能源强度的衡量标准前后一致，避免分歧。

能源强度是一个经过商定、客观衡量的概念，相比之下"能效"这个术语在各个学科❾中用法不同，因而不同的人所理解的含义也不同。物理学关于能效有明确的定义，即"能效是一个比率，指有效能源与初始能源供应总量的比率"。虽然这一定义十分明确，但放到能源政策中来讨论显得太狭隘。

经济政策分析和国际能源机构使用了一个更为广义的概念："如果以相同的能源投入实现更多的服务，或以较少的能源投入实现相同的服务，那么它意味着能效更高❿。"

虽然后一个概念是分析能源系统的好起点，但必须明确"更多服务"或"相同服务"的含义。假设一辆汽车行驶 100mi（译者注：1mi＝1.609344km）使用 5UKgal（1UKgal＝4.54609L）汽油，而另一辆汽车行驶相同的距离使用 8 加仑汽油，人们通常认为，第一辆汽车具有更高的能效。但是，如果一个人通过视频连接来进行远程会议，几乎没有消费能源；而另一个人坐飞机前往参加会议，会消耗更多的能源。相比之下，第一种方式很可能具有更高的能效，即使最终的服务形式（亲身参会议和通过视频参与会议）有所不同。

---

❽ 水力发电厂、地热能发电厂、光热能发电厂、太阳能发电厂和风能发电厂尤其需要这些公约。对于这些发电厂来说，通常没有公认的衡量热转换率的做法。本书采用了美国能源信息署使用的公约，该署使用化石能源电厂的年平均热耗率因子作为计算因子（引自美国 EIA，*Annual Energy Review*，附录 B）。

❾ 伍珀塔尔研究所讨论了能效的许多用法。详情请参考网页：http://wupperinst.org/uploads/tx_wupperinst/energy_efficiency_definition.pdf。

❿ 资料来源：http://www.iea.org/topics/energyefficiency/。

让我们发散一下思维：如果一家公司改变其生产产品的性质，使用更少的能源并增加利润，我们可以认为该公司的能效正在提升。此处能效定义中的"服务"可以解读为"会议"或"赚取利润"。让我们继续扩展概念，如果美国经济在结构上转向使用更少的能源但没有降低 GDP，则可以认为美国变得更加高能效。此处能效定义中的"服务"可以解读为"经济产量"，即可以近似理解为 GDP。在本书中，这些改变均被视为能效提升，因为它们减少了能源消费量，但并没有降低美国经济可用的商品和服务的整体价值❶。

本书认为，只要整个经济体的价值总和不下降，以下方式均可以提升能效：远程会议代替本地会议、生产能源强度较低的产品并保持利润产出、采用清洁高效的交通方式、为减少能耗而催生的产品更替、为减少能耗而进行的文化理念转变和经济结构转变等。

另外一个常见的概念是节能，它也可以有几个不同的含义。广泛使用的含义是："节能指通过使用更少的能源服务来减少能源消费。"❷ 这一概念和高能效的概念比较类似，即以相同的能源实现更多的服务或以更少的能源实现相同的服务。

如果讨论限于关闭电灯等"离散"行为，这个概念是简单的。但正如讨论能效的概念一样，"服务"的定义对于讨论节能这一概念来说至关重要。如果"服务"是以"连续"的方式定义，那么减少能源消费量要么是节能，要么是能效提升，这取决于这一过程中是否减少了"服务"。难点在于，当讨论能效提升或节能问题时，"服务"这一概念经常有不同的表述或理解。

---

❶ 关于这种结构性调整是否应被算作是能效的变化没有广泛的讨论，即使它们在减少能源消费的同时增加了（至少没有减少）GDP。例如，在一些研究中，美国能源部的能源效率和可再生能源办公室没有考虑这种结构性转变。因此，虽然能源强度是一个客观的尺度，不同的群体可能对能效影响的估算有所不同，这取决于是否把结构性调整看作改变能效的方式。另外，难以判断一些与能源相关的决策是否经济高效。要做出判断一方面要考虑是否主动做出的决策，另一方面要考虑是否有监管程序来追求经济高效的决策。

❷ "节能"，维基百科，https://en.wikipedia.org/wiki/Energy_conservation。

译者注：原文中使用了"discrete"和"consistently"分别表示"离散"和"连续"。例如，空调的设定温度可视作"连续"的服务。在夏季减少能源消费量可能是因为调高了温度，也可能是维持温度但优化了系统运行。那么前者是节能，而后者是能效提升，因为前者减少了服务而后者没有。

节能的另一个定义是"通过经济手段、减少浪费或者优化应用的方式来减少流程、系统、组织乃至社会中的能源消费量"。❸ 这一定义与能效的定义基本相同。根据这个定义，提升能效和节能的概念几乎是一样的，也就是同义词。

考虑到"节能"这一术语在不同场合含义不同甚至相互矛盾的情况，本书避免使用这一术语（除非必要的时候，例如引用其他文件）。此外，本书着重于分析能效，并用能源强度来反映美国的能效提升幅度。

1.3 阻碍能效提升的障碍

从经济、环境和安全角度来看，提升能效所产生的效益颇多。然而，全面执行起来依然障碍重重。许多能源利用方式看似令决策者或决策机构满意，但并不会被选中。通俗地说，它们经常被称为"没被挑中的水果"或"烂在枝头的水果"。实际选择和最佳选择之间的差距称为"能效差距"。虽然本书的目的不在于深入探讨这些阻碍能效提升的障碍，但是，这些障碍可以总结成市场失灵、体制障碍和行为问题，而这些都导致了能效提升行动无法充分落实，能效优化所面临的一些障碍如表 1-1 所示。

---

❸ "节能"，BusinessDictionary，http://www.businessdictionary.com/definition/energy-conservation.html。

表 1-1   能效优化所面临的一些障碍

市　场　失　灵
缺乏关于设备或电器的能耗信息
委托代理问题（利益不一致导致的问题）
租赁或所有的时间有限
能效市场的交易成本
利用能源的外部性
研发溢出效应
边做边学溢出效应
技术封锁
现有技术开发商的市场支配力
网络外部性：互补品需要大量投资但无法回收

制　度　障　碍
建筑行业属零散型产业
建筑设计建模工具有限
公司组织（能源开销计为经营成本）
有限的能量信息和控制系统
扭曲性的监管和财政政策（例如过时的建筑规范）
地方政府土地利用机构（如关于分区或交通的决策）

行　为　问　题
能源问题关注度低
提升能效的交易成本确定最佳选择采购计划
有限的认知技能
缺乏电价信息
缺乏关于设备或电器的能耗信息
管理者的激励和优先权
有限的反馈：结果导向的能源选择

　　许多文献资料意图找到攻克这些障碍的方法❶，感兴趣的读者可以找到很多有价值的资料，总而言之是喜忧参半。坏消息是，解决这些问题可能非常困难；好消息是，若能克服障碍，则还有进一步提升能效的空间。从本书中的讨论和其他资料可以看出，许多已经实施的政策和组织变化都在积极克服市场、

❶　例如，参见以下两篇文献：①Marilyn A. Brown. *Market Failures and Barriers as a Basis for Clean Energy Policies*. Energy Polcy, 29(2001)：1197－1207. ②K. Gillingham, J. Sweeney. *Barriers to Implementing Low Carbon Fechnologies*. Climcote Change Economics, 3, no. 4, (2012)：1－25. doi：10. 11421 S201000 7812500194。

制度和行为方面的障碍。

回顾美国能效的发展史，你还会发现一个好消息。尽管许多能效提升措施没能付诸实施，但既有的已广泛应用的能效提升措施在美国经济中无处不在。前文已经提及，历史表明自 1973～1974 年能源危机以来，能效提升对美国能源安全和环境产生的积极影响大于美国石油、天然气、煤炭、地热能、核能、太阳能、风能和生物质能的国内产量增长之和。

能效的重要性可能会令人惊讶，因为人们无法轻易察觉低能效时的能耗水平。对于外行人来说（对内行人经常也是如此），大多数能效的变化是肉眼看不见的，因此人们无法发现大多数的能效提升。这些能效提升的成就在很大程度上源于整个经济活动中广泛分布的细微变化，而这些变化大幅地降低了美国经济的能源强度。

接下来，我们来看看 1973～1974 年石油危机以来美国能效的变化情况。

第 2 章
能效就在我们身边

　　二战之后的很长一段时间，美国很少关注能源使用，直到 1973 年，能源世界被彻底改变。由于美国在赎罪日战争中支持以色列，OPEC❶ 阿拉伯成员对美国和其他几个国家实施了石油禁运。更持久的影响是 OPEC 阿拉伯成员减少了石油出口量，导致国际油价几乎在一夜之间上涨两倍。

　　1973～1974 年的能源危机使人们开始关注公共部门和私营部门的能源并且催涨了大多数能源的价格。这一危机强烈地激发了州级层面和国家层面的政府政策创新。它引导企业在能源相关的实践中寻求变革，并在创新中考虑能源消费的问题；促使新成立的非政府组织把注意力集中在能源上；鼓励个人关注自己生活中的能源支出。这些因素共同导致了许多变化，并开始了能效提升的缓慢累积过程。

　　大多数变化对美国能源消费总量影响甚微，除了汽车和卡车的燃油效率提高这项变化（稍后讨论）以外，其他变化对美国能源消费总量的影响极小。然而，这些相对微小的变化却遍布于整个经济体系中，并对美国的能源消费产生了深远的影响。

---

❶ OPEC 指的是石油输出国组织（Organization of the Petroleum Exporting Countries）。

本书通过对比 1973 年前后的变化来呈现美国能效提升的成效。本章介绍了能源危机爆发后至今发生在技术进步、技术扩散和商业应用方面的具体变化，例证能效提升的事实。本书其实并未全面地概括，仍有许多实实在在发生的变化，因数量过多，在此就不做讨论了。

2.1　全新技术或改良技术

最容易看到的是那些遍布于住宅、写字楼、工业设施、道路和航空的节能技术。下文总结了我们身边一些因新技术带来的能效提升。

2.1.1　照明

我们可以用"革命"一词来形容室内外照明技术的巨大变化。人工照明广泛应用于经济领域，包括住宅、商店、写字楼、医院、学校、工厂、飞机、汽车、街道照明和交通信号灯，可谓无处不在。

照明技术发展到 2016 年，能耗水平相比 1973 年已经大幅降低。1973 年，住宅的室内照明基本依赖白炽灯，大多是 60、75、100W 的白炽灯，甚至连夜灯也是白炽灯。室外照明用灯包括白炽灯或聚光灯，通常每盏灯功率超过 100W。1973 年，工业和商业的照明通常是白炽灯和荧光灯的组合。在同样的光照强度下，荧光灯的耗电量更少，但发出的光比白炽灯更刺眼。1973 年的办公室用灯通常是安装在天花板上的矩形灯盘，包含四个荧光灯管和电磁镇流器，整体功率大约 200W。

在能源危机爆发之后不久，人们发明了一种新型荧光灯——紧凑型荧光灯（compact fluorescent light，CFL），即节能灯。这种荧光灯的设计初衷就是节省用电，它可以直接安装到标准的白炽灯的灯头上。虽然螺旋式紧凑型荧光灯最早是通用电气（general electric，GE）❷ 1975 年发明的，但并没有大规模生产；直到 1980 年，飞利浦（Philips Lumileds）公司推出了一种旋入式紧凑型荧光灯；随后 1985 年，欧司朗（Osram）开始销售另一种紧凑型荧光灯。直到 20 世纪 90 年代，各种各样的美国制造和中国制造的紧凑型荧光灯得到了广泛的商业应用。

紧凑型荧光灯（CFL）
资料来源：ID 16711910
© Alexmax/Dreamstime.com。

虽然在推广初期，紧凑型荧光灯比白炽灯贵很多，推广应用很缓慢，但持续的研发投入和不断累积的生产经验逐渐降低了生产成本❸。此时，人们可以以 2 美元的单价到在线零售店或实体商店购买到飞利浦制造的高品质紧凑型荧光灯。13W 紧凑型荧光灯的光照强度和 60W 白炽灯一样，但功率仅是白炽灯的五分之一。

但紧凑型荧光灯并不是白炽灯的完美替代品。早期的紧凑型荧光灯发出的灯光很刺眼，后来改良后灯光变得更温和。早期（现在也有很多）的紧凑型荧光灯亮度不可调，刚打开时，灯光大多有些昏暗，需要 1～3min 才能达到最大亮度。

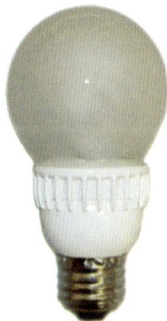

发光二极管（LED）
资料来源：J. Navarrette
拍摄。

20 世纪后，具备更高能效的发光二极管（light-emitting diode，LED）实现了商业化❹。LED 灯具有高品质灯光、瞬间启动、可以调光的优点，并且比

---

❷　资料来源：http：//american history. si. edu/lighting/20thcent/invent 20. htm。
❸　美国州立公共事业委员会的推动下，销量增加的同时带来了产量的增加。公州立用事业委员会要求节能计划管理员（通常是公用事业企业内的）通过给予上游制造商回扣和给予下游个人和企业折扣的方式来补贴成本。
❹　LED 灯的原理是：在通电瞬间半导体发光，覆盖半导体的荧光粉将光线转换成冷白色或暖白色。

紧凑型荧光灯耗电更少。11W 高质量 LED 灯的光照强度和 60W 白炽灯一样强，但功率不到后者的五分之一。虽然 LED 灯比紧凑型荧光灯更贵，但使用寿命更长，可以连续使用长达 5 万 h，约 6 年。

现代 LED 灯正在取代紧凑型荧光灯，制造商有美国的科锐（Cree）和飞利浦以及众多其他国家的制造商，特别是中国的。科锐制造的 LED 灯可以在网上零售店或实体店购买，目前单价大约 8 美元，其他厂商的价格更低。就如此前推广紧凑型荧光灯一样，美国州立公共事业委员会现在要求公共事业用户赞助高效照明计划，专注于 LED 灯而不是紧凑型荧光灯，并提供数百万美元的资金补贴上下游产业，以降低消费终端买家的成本。

紧凑型荧光灯和 LED 灯在其使用寿命期间为消费者节省的钱都超过其使用成本❺。重要的是，大规模使用高能效照明灯具可以避免新建造价不菲的发电和输电基础设施，为整个公用事业乃至全美经济节省数十亿美元。

其他节能照明技术效果没这么显著。传统的荧光灯采用的是电感镇流器，其工作频率限制在每秒 60 个周期❻。美国能源部赞助的研发项目推动了电子镇流器的开发和商业化❼，如今，电子镇流器具有更高的工作频率，使得能效至少提高了 10%。电子镇流器已经成为主流的荧光灯镇流器。

伴随着照明技术革命，住宅和办公楼的用能效率大幅提升。与 1973 年相比，

---

❺ 例如，如果一盏灯每天使用 3h，每年使用 1095h，一个 60W 的灯泡每年耗电 65.7kWh；一个 13W 的 CFL（紧凑型荧光灯）每年耗电 14.2kWh；一个 11W 的 LED（发光二极管）耗电 12.0kWh。如果电费是 0.13 美元/kWh，则 60W 灯泡每年的电费为 8.54 美元，CFL 为 1.85 美元，LED 为 1.57 美元。用 CFL 取代 60W 的白炽灯泡每年可节省 6.69 美元；用 LED 取代 60W 的白炽灯泡每年可节省 6.97 美元。几年后，节省的电费会超过 2 美元或 8 美元的购买成本。CFL 通常能够使用多年；而 LED 的使用寿命为 5 万 h，理论上来看至少可以使用 46 年。

❻ 镇流器旨在调节 CFL 的电流，提供足够的电压在电子管的两端之间产生电弧，并且在产生电弧后限制电流。

❼ 《能源署的能源研究究竟值得吗？能效与化石能源研究（1978~2000 年）》，能源部能效和化石能源研发效益委员会、能源与环境系统董事会、工程与物理科学系和国家研究委员会，第 104 页。

2016 年的家庭照明中 LED 灯几乎全部替代了白炽灯。如今，办公室的 LED 方形灯盘的功率约为 35W，代替了原来 200W 的白炽灯，且光源质量也更高。

如表 2-1 所示，LED 的发明和商业化从根本上提高了几乎所有常见应用领域的光效。

表 2-1　　改变光效每瓦流明数（LPW）：（1973 年和 2015 年对比）

应用	1973 年		2015 年		W/lm 下降幅度
	光源	光效（LPW）	光源	光效（LPW）	
灯泡	典型的 60W 白炽灯（A-19）	14	LED 灯泡同等亮度灯泡（A-19）	84	83%
蛇头型路灯	高压钠灯	48	LED 灯	93	48%
工业用高顶灯	400W 金卤灯（14000lm）	31	213W LED（18000lm）	85	64%
办公室嵌入式 2×4 灯盘	40W，T12 荧光灯	60	2×4 嵌入式 LED 灯	115	48%
厨房筒灯	直径 5in①，65W 白炽灯（BR40）	10	直径 5in，12W LED 灯（BR40）	67	85%
追光灯	直径 2.5in，45W 聚光 白炽灯（R20）	9	直径 2.5in，5W LED 灯（R20）	65	87%

①　译者注：1in＝2.54cm。
注　资料来源：Finelite 公司。

虽然表 2-1 显示了 LED 在各个应用领域中均有着根本性影响，但其应用却未能在所有领域中达到 100% 的渗透率。接近 100% 的渗透率是可能实现的，因此，我们可以预测光源革命仍会持续进行。目前，虽然 LED 在照明领域的实际渗透率在不断增长，但其增速缓慢，需要我们持续关注。考虑到经济和环境因素，特别是气候变暖问题的日益显现，加速了 LED 灯对白炽灯和紧凑型荧光灯的替代的步伐，这将会是公用事业的能效计划和监管机构的持续关注重点。

除了光源节能化以外，照明领域的其他创新也同样重要。例如，1973 年很难做到某一个办公室可以随手关闭照明，因为整层楼的所有办公室照明通常都受一个主开关控制。某一个办公室需要用灯，所有的灯都会打开，而且许多办公楼整夜都不关灯，常常 24h 开着，一年 365 天，天天如此。如今，每个办公室都有独立的照明开关，可以只打开局部的电灯。

此外，与 1973 年形成鲜明对比的是，办公楼、部分住宅和部分零售店的照明由动作感应或光感应开关控制，如果房间内没有运动的物体或者光线充足，电灯会自动关闭；当有人进入黑暗的房间时，这种开关会自动打开电灯。父母时常提醒孩子离开房间时要关灯，但他们自己离开办公室时却总忘记这样做！

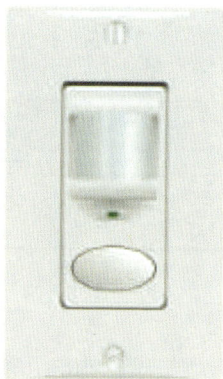

动作感应开关已经应用在一些商店，特别是 24h 营业的商店。在这些商店中，当顾客走到过道时，动作传感器能检测到动作，随即打开走廊上的电灯，人走过之后，电灯会自动关闭。例如，沃尔玛就安装了这种感应开关。

虽然动作传感器在 1973 年的能源危机之前就已发明，但其检测灵敏度提高和成本降低后才使人们能够广泛安装动作感应/光感应开关。

动作感应器开关，单极
资料来源：ID 46468569© Kostyantin/
Dreamstime. com。

2.1.2 制冷

在美国，几乎每个家庭、餐馆、酒吧、杂货店或其他易腐食品的供应商至少拥有一台冰箱或制冷设备，并且很多地方不止一台。在 1973 年能源危机之前，新型家用冰箱的平均容量每年都在增加，单台冰箱的平均耗电量增长更快。尽管 1973 年以后，单台冰箱的容量没有减少，但由于技术进步、性能标准、公共事业激励计划、"能源之星"标签、联邦税收抵免以及"金萝卜"计划❽等，耗电量提升的趋势在能源危机之后大幅反转。我们可以从图 2-1 和图 2-2 中看到这些变化。

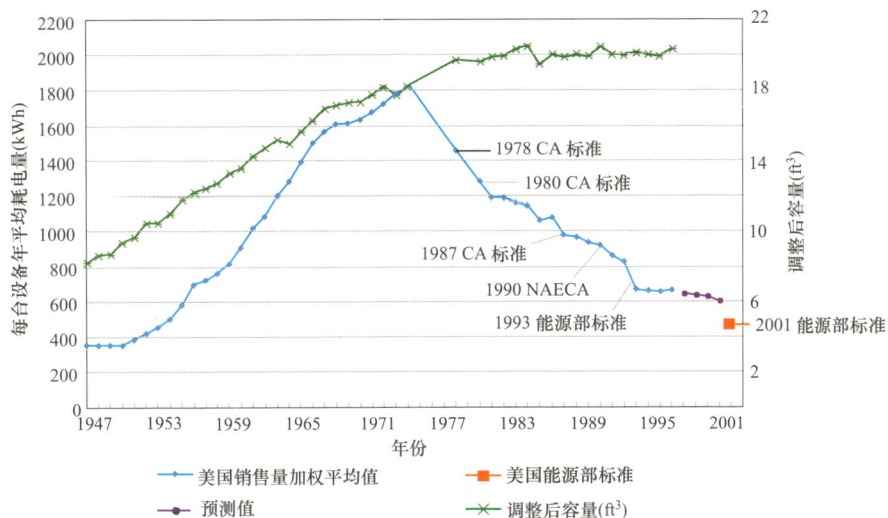

图 2-1　冰箱的能效

译者注：1 立方英尺（ft^3）=0.028 立方米（m^3）。

资料来源：Goldstein 和 Geller（1998）。

图 2-1 显示了 1973 年之前和 1973～2001 年销售的冰箱尺寸和年平均耗电量的变化趋势❾。图 2-2 提供了 1973～2013 年的完整数据❿，包括这期间销售的冰箱平均耗电量、容量和价格。

与 1973 年水平相比，1980 年新冰箱的平均耗电量减少了约三分之一，到 2013 年累计减少约四分之三。虽然冰箱的平均容量增加，但是（通货膨胀调整

---

❽　加州和西北地区的公用事业公司与州立委员会监管机构合作，组织并资助了超高效冰箱计划（SERP）。3000 万美元奖励给冰箱制造商，能够以最具成本效益的方式开发、分销、推广和销售最节能、无 CFC 的冰箱/冰柜。第六章会对 SERP 进行更全面的讨论。

❾　摘自《能源部的能源研究究竟值得吗？》第 97 页，原始数据来自 Goldstein 和 Geller，1998。

❿　资料来源：www.appliance-standards.org/sites/default/files/Refrigerator_Graph_Nov_2015.pdf。

后的）价格在不断下降。

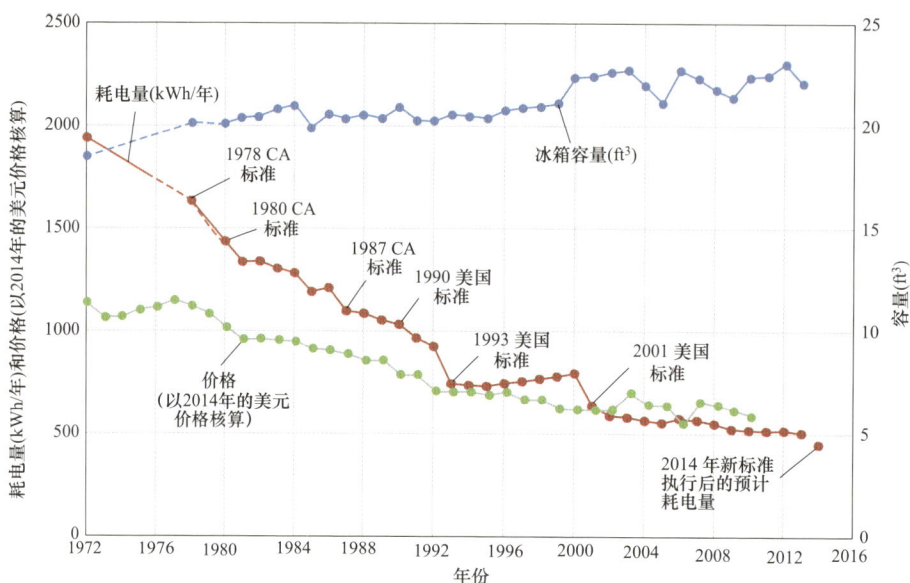

图 2-2　1973 年后冰箱的年平均耗电量、容量和价格趋势

数据来源：冰箱耗电量和容量数据来自美国家用电器制造商协会（AHAM），冰箱价格数据来自美国国家统计局。

　　图表来源：www.appliance-standards.org/sites/default/Refrigerator_Graph_Nov_2015.pdf。

注：1. 数据包括标准尺寸冰箱和小型冰箱。

　　2. 能耗和容量数据反映了 2010 年发布的美国能源部试行规程。

　　3. 容量是调整后的容量，调整公式为：冷藏室容量＋1.76×冷冻室容量。

　　4. 价格代表制造商的售价（如不含零售商加价）且反映的是美国制造的商品。

2.1.3　乘用车和轻型卡车

　　大多数私家车都是乘用车和轻型卡车（例如 SUV、小型货车和皮卡车）。能源危机爆发之前，乘用车和轻型卡车的燃油经济性已经呈现逐渐下降的趋势。1973年，轻型汽车的平均燃油效率大约为每加仑 12.5mi（miles per gallons，mpg）。也就是说，轻型汽车每行驶 100mi 的油耗为 8 加仑（gallons per hundred miles，gphm）。❶

1973～1974 年的能源危机促使美国国会和福特政府通过并签署了 1975 年的《能源政策和节能法案》（Energy Policy and Conservation Act，EPCA）。该法案包括很多规定，其中一个是企业平均燃油效率（corporate average fuel efficiency，CAFE）标准。该标准限定了美国国内销售的乘用车和轻型卡车新车款式的最低平均燃油效率（mpg）❷。随后的 30 年中，许多试图加强这项标准的提案都被否决，直到 2007 年美国会通过了《能源独立与安全法案》，才使得这项标准逐步严格起来。2012 年，奥巴马总统要求到 2025 年乘用车和轻型卡车的平均燃油效率提高至 54.5mpg。

CAFE 标准旨在减少轻型汽车（乘用车和轻型卡车）的油耗，同时允许汽车制造商销售各种不同的车型，制造商可以自由灵活地设计和销售产品。针对乘用车的 CAFE 标准于 1978 年生效；针对轻型卡车的 CAFE 标准于 1979 年生效。

到 1985 年，轻型汽车的燃油经济性已经提高到 17mpg，即新款乘用车的平均油耗为 5.9gphm。截至 2013 年，新款乘用车的油耗已下降至 4.5gphm，仅为 1973 年油耗水平的 57%。

迈克尔·西瓦克和布兰登·舒特勒❸绘制的图 2-3 显示了乘用车、轻型卡车、所有轻型汽车，以及其他中型和重型卡车的燃油经济性；为了便于参考，在图中添加了 1973 年垂直线。该图显示三组 mpg 平均数（汽车、所有卡车和所有车辆）在 1973 年以前持续下降；从危机时期到 CAFE 标准生效之前，四组 mpg 平均数（乘用车、所有卡车、所有轻型汽车和所有车辆）基本保持不变；但

---

❶　要把英里/加仑（mpg）转换为百英里油耗（gphm），只需用 100 除以 mpg，即可得到 gphm。

❷　更准确地说，在特定的车型年份里，标准是生产加权调和平均燃油经济性的下限，以 mpg 表示。在数学上来看，等同于对每莫里加仑的生产加权平均数设置上限。

❸　M. Sivak 和 B. Schoettle（2015），"1923—2013 年期间美国路上汽车的燃油经济性"，报告编号 2015-25（安阿伯市：密歇根大学交通研究所）。请访问：http://deepblue.lib.umich.edu/bits-tream/handle/2027.42/ 115486/103218. pdf。

随着 CAFE 标准的发布， 四组 mpg 平均数开始迅速增长， 直到 1991 年才放缓；2006 年之后， 昂贵的油价促使所有轻型汽车的平均燃油经济性再次提升。

CAFE 标准中规定的乘用车 mpg 平均值比卡车的高， 因为卡车通常比乘用车更重， 从图 2-3 可以看到这个差异。1975 年通过 CAFE 标准时， 卡车通常用于工作， 而乘用车通常用于个人出行。 然而， 随着 SUV 和小型货车销量的不断上升， 以及皮卡车越来越多的用于个人出行 （这三类车被归为卡车）， 这一惯例逐渐被打破。

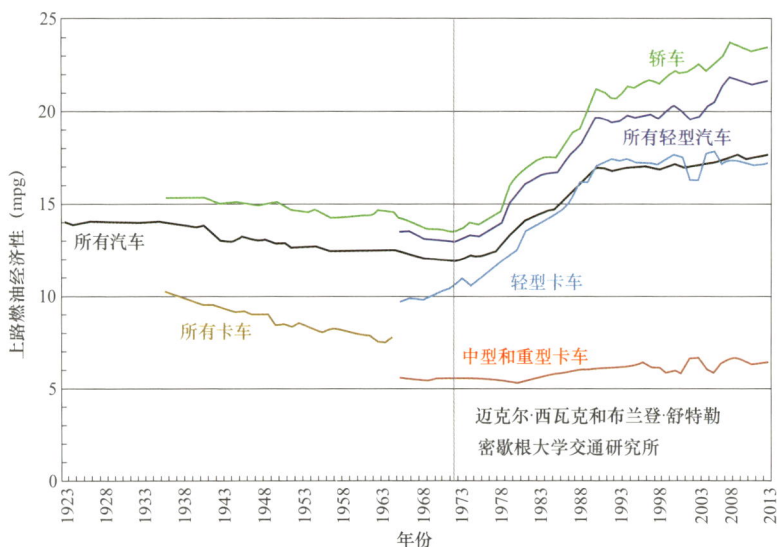

图 2-3　1923～2013 年美国上路汽车的燃油经济性
资料来源： 迈克尔·西瓦克和布兰登·舒特勒 （2015）。

如图 2-3 所示， 在某些年份中， 所有轻型汽车的平均燃油经济性增速不如乘用车或轻型卡车； 而其他年份， 情况则相反。 当乘用车的市场份额相对于轻型卡车的市场份额增加时， 所有轻型汽车的平均燃油经济性增长更快 （例如从 2006 年开始❹）； 然而当乘用车的相对市场份额下降时 （例如从 1995 年到 2006 年）， 情况恰恰相反， 原因是乘用车的燃油经济性的增速比轻型卡车的增速更快。

---

❹ 当汽油价格开始上涨时， 人们开始更倾向于购买汽车， 而非卡车 （如 SUV）。 汽车的市场份额与卡车的市场份额这一转变使所有轻型车辆的平均油耗比卡车或汽车的增加得更快。

图 2-3 显示过去 45 年以来，中型和重型卡车的燃油经济性大体没变。CA-FE 标准仅适用于轻型汽车，而不适用于中型或重型卡车，因此这些卡车不在 CAFE 标准的监管范畴❺。

但是，燃油经济性并不是自动提升的。要达到 CAFE 标准，制造商需要做出许多改变，有的改变代价不菲。制造商必须重新设计汽车以达到更高的燃油经济性标准。发动机、动力传动系统和车身进行了重新设计以降低能耗；自动变速器得到改进；汽车变得更轻，例如采用更轻的铝制发动机，使车身变得更短更轻；车头车尾也变小，但乘客舱大小几乎不变；制造商改进了车辆空气动力学设计，减少了空气阻力；研发出质量更好的轮胎，滚动阻力更小，因此燃油经济性更高；还推出了混合动力电动汽车。制造商转变了营销和广告策略，鼓励消费者购买更小、更省油的汽车。

一系列改变的最终结果是高性能汽车每英里油耗仅为能源危机之前的一半左右。然而这些成果是有代价的，汽车生产的前期投入成本必然相应地增加。我们不禁疑问，燃油经济性提升带来的收益能否超过前期成本。换句话说，这些提升是否真正在经济上有效减少了能耗，使得在汽车使用寿命内所节省的燃料费用可抵消额外增加的前期成本。事实表明，这些变化实际上提高了经济效率，燃油经济性更高的汽车为用户节省的油费比增加的购买成本更多，而且燃油效率甚至还有进一步提高的空间❻。新车售价的增幅远低于节省的油费。

---

❺ 关于能效标准是提高还是降低这些卡车的经济效率，仁者见仁、智者见智。运营重型卡车的企业或个人往往会选购生命周期内成本最低的卡车。整个系统是否具有经济最优性，这一问题尚未解决。

❻ 2003 年，美国国家研究理事会就此提出了疑问并得出结论：收益超过成本。它还研究了更大的燃油经济性是否可以在经济方面得到验证。许多结论发现"计算表明汽油的（平均）燃油经济性还有提升空间，在以下范围内可保证收回成本，微型汽车的燃油经济性还能提升 12％，大型客车能提升 27％；轻型卡车还能提升 25％～42％（平均水平），比大型车辆的提升空间更大"。请参见《企业平均燃油经济性（CAFE）标准的效益和影响》，企业平均燃油经济性（CAFE）标准的效益和影响研究理事会，2003 年，第 66 页。

1973 年款雪弗兰 Impala

资料来源：http://carphotos.cardomain.com/ride_images/4/449/2261/38621130001_original.jpg。

2014 年款雪弗兰 Impala

资料来源：http://www.chevrolet.com/content/dam/Chevrolet/northamerica/usa/
nscwebsite/en/Home/Vehicles/ Cars/2016_Impala/Model_Overview/01
_ images/2016-chevrolet-impala-full-size-sedan-build-your-own-647x200-
001. jpg。

乘用车和轻型卡车燃油经济性的提升除了让新车车主获利外，也为整个美国带来了经济效益。美国石油产量增加或消费量的减少对石油进口价格施加了下行压力。由于美国历来是石油进口大国，国际油价的下降给美国贸易经济带来了利好。个人消费者在选择产品时通常不会将个人行为对美国整体经济的影响纳入考虑范围，因此通常会选择 mpg 较低的汽车而非对美国经济最优的汽车。这种行为倾向强化了节能型汽车对美国经济的价值。

回顾过去，显而易见的是，美国国会在讨论 CAFE 标准的时候，争议很大。当时很多 CAFE 标准的反对者认为，节能型汽车性能很差，提速慢会诱发交通事故。人们断言，这类乘用车无法安全驶入高速公路。事实上，汽车性能并没有受到影响。CAFE 标准生效后，从 0～60mi/h 的平均提速时间并没有显著变化（如图 2-4 所示），反而在近些年里缩短了❶。

从美国的汽车总行驶里程数来看，汽车燃油经济性的变化对出行影响不大❸。

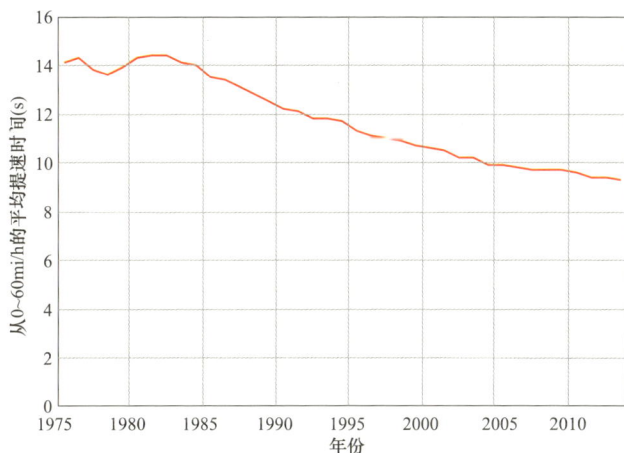

图 2-4　新型汽车的平均提速时间

资料来源：美国环保署，"1975～2013 年轻型汽车技术、二氧化
碳排放量和燃油经济性趋势"，第 4 页，表 2.1。

如图 2-5 所示，车辆总里程在 1973 年后出现小幅下降，随后几乎按同一速率持续增长直到 2006 年。然而，在过去 8 年中，车辆行驶里程（VMT）增幅较小。具体原因仍然不确定，但似乎部分程度上与高油价、人口增长和行为转

---

❶　如果没有 CAFE 标准，平均加速时间会更快地缩短。但是，无法尽量缩短加速时间导致了更多的交通事故这一论断是无法令人信服的。数据来自美国环保署，"1975～2013 年轻型汽车技术、二氧化碳排放和燃料经济趋势"，第 4 页表 2.1。https://www.fueleconomy.gov/feg/pdfs/420r13011_EPA_LD_FE_2013_TRENDS.pdf。

❸　数据来源：美国交通部联邦公路管理局政策和政府事务部门，"2013 年公路统计年鉴"，http://www.fhwa.dot.gov/policyinformation/statistics/2013/vmt421c.cfm。车辆里程是一个衡量车辆移动性的不完美的指标，因为它不能描述负载因素是否改变。例如，更多的车辆共享可以增加乘客里程数与车辆里程数的比例。

变有关❶。

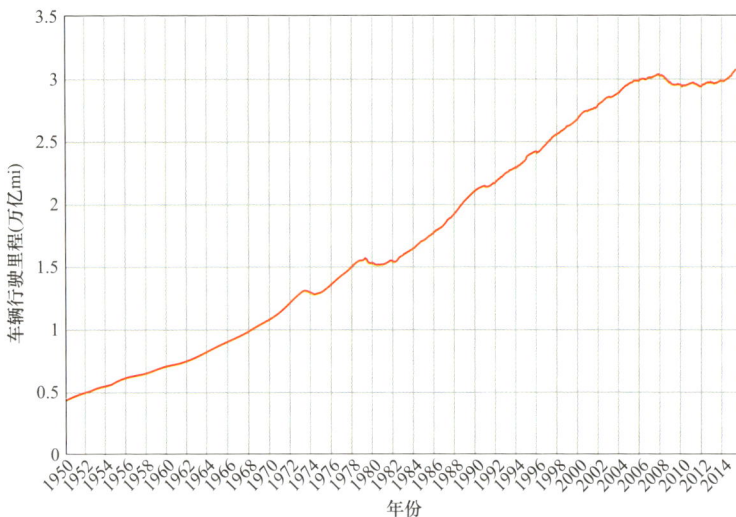

图 2-5　车辆行驶里程美国所有道路的数据

资料来源：美国交通部联邦公路管理局政策和政府事务部门公路政策信息办公室《2013 年
公路统计年鉴》。

　　尽管车辆行驶里程有所增加，轻型汽车每英里油耗的下降是导致交通运
输领域能源消费增长率下降的关键因素。图 2-6 印证了这一结论，图中估算
了实际情形下和假设情形下❷轻型汽车的总油耗（以千万亿 BTUs 计数。

---

❶　这是目前研究的一个非常活跃的领域。在 2015 年年度交通运输研究委员会会议 上，一篇论文
记录了从 1992 年到 2011 年的这种现象。在 50 个州中，有 48 个州的人均旅游人数达到顶峰
（参考 Garceau、Atkinson-Palombo 和 Garrick，2015）。2013 年，威斯康星大学国家智能交通倡
议的一份报告提出影响 VMT 的几个重要因素。其中包括以下因素造成的弱化影响："大型公路
建设、更多的妇女劳动力、大型婴儿潮人口、收入增长、汽车保有量增长以及对混合能源使用
发展的限制"（Chris McCahill 和 Chris Spahr，《车辆行驶里程：影响 21 世纪旅行的几大因素》，
智能交通倡议，2013 年 9 月，http：//www. ssti. us/2013/09/vmt-inflection-point-factors-af-
fecting-21st-century-travel-ssti-2013/）。它还包括 "限制汽车旅行和改变非机动车旅行方式的偏
好"。此外，自 2007 年以后，联邦公路管理方法计算数据的方法不同于以往。

❷　基本数据来自《交通运输数据手册》，橡树岭国家实验室，请参见：http：//cta. ornl. gov/da-
ta/spreadsheets. shtml。

3400BTUs 大约相当于 1kWh）。假设情形下的总油耗是在假定轻型汽车的平均
燃油效率保持在 1973 年水平的前提下计算得出的。

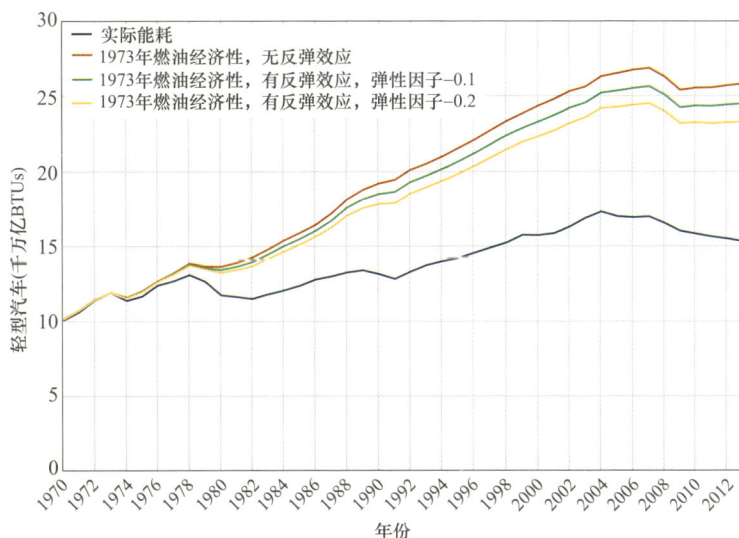

图 2-6　乘用车和轻型卡车能耗：实际情形和假设情形的三种有限能效情形下的基准能耗

　　图 2-6 中显示了三种不同的假设情形。第一种情形如红线所示，计算基于以
下假设：有限能效情形中的车辆行驶里程将与实际车辆行驶里程相同。另外两种
情形如图中绿线和紫线所示，这两种情形考虑了反弹效应❶。这两种情形基于以
下假设：在有限能效基准下每英里的驾驶成本更高，人们会选择减少车辆行驶里
程，人们的反应越强烈，相应的弹性系数越高。在考虑实际需求的基础上，假设
价格弹性系数为－0.1 或－0.2 时，分别计算出两种情形下的总能耗。

　　图 2-6 显示，到 2013 年，三种有限能效基准情形中的轻型汽车总能耗都比
实际总能耗高出 8～10 千万亿 BTUs。

---

❶　反弹效应指：如果 mpg 的燃料使用量越低，每英里的驾驶成本就会越高，人们将会减少里程。这
　　些计算使用需求函数的不变弹性，弹性为－0.1 或－0.2，适用于每英里驾驶成本，与平均 mpg 成
　　反比。反弹效应也可能与能源消费的其他领域相关，但是能源强度的相关数据表明，反弹效应已
　　被导致能效提升的许多因素所主导。

关于新型乘用车和轻型卡车的平均燃油经济性是得益于 CAFE 标准还是汽油价格上涨的问题一直争议不断。由于当前联邦政府已经收紧了燃油效率标准，但同时汽油价格随着原油价格的下滑而急剧下滑，理清这个问题变得越来越重要。

20 世纪 70 年代末、80 年代初期，新型乘用车和轻型卡车的平均燃油经济性遵循 CAFE 标准，燃油经济性急剧上升。这期间，CAFE 标准似乎是主要的制约因素，高油价仅发挥了辅助作用，进一步推动汽车制造商达到 CAFE 标准，因为当时消费者倾向于更节油的车辆。1985 年油价一度下跌后，高油价不再是促进燃油效率提升的影响因素。但当时的技术已经大幅提升，制造商已经设计出高燃油经济性的车辆并推向市场，制造商已然能够满足甚至经常高出 CAFE 标准；消费者也已接受了新设计的节能车辆，轿车的平均燃油经济性超过了 CAFE 标准，并且在标准保持不变的情况下持续增长。2004 年后，汽油价格再次开始上涨，平均燃油经济性加速上涨。然而过去几十年间，卡车的平均燃油经济性紧贴 CAFE 标准。新型轿车和轻型卡车的数据如图 2-7 所示，数据来自 2015 年美国国家科学院国家研究委员会的研究报告[22]。

20 世纪 90 年代以后，技术得到进一步改进，制造商生产并推广了高燃油经济性汽车，同时消费者对油价上涨也有所反馈；考虑到这些因素是共同存在的，我们尚不清楚这期间的燃油经济性提升是 CAFE 标准的功劳还是消费者选择的功劳。

尽管最初美国国家研究理事会的研究课题一直试图解构这些影响因素，但却无法确定组合因素的贡献度。研究中写道：

---

[22] "针对轻型车辆的燃油经济性技术的成本、效率以及发展"，轻型车辆的节能技术评估委员会，第 2 阶段，环境系统委员会，国家科学院国家研究委员会工程与物理科学部，国家科学院出版社，华盛顿特区，2015 年，第 311 页。原来的表述为："所有燃油经济性标准和实际值可以验证燃油经济价值"。资料来源：DOT（2014）；BTS（2014）；EIA（2014）。

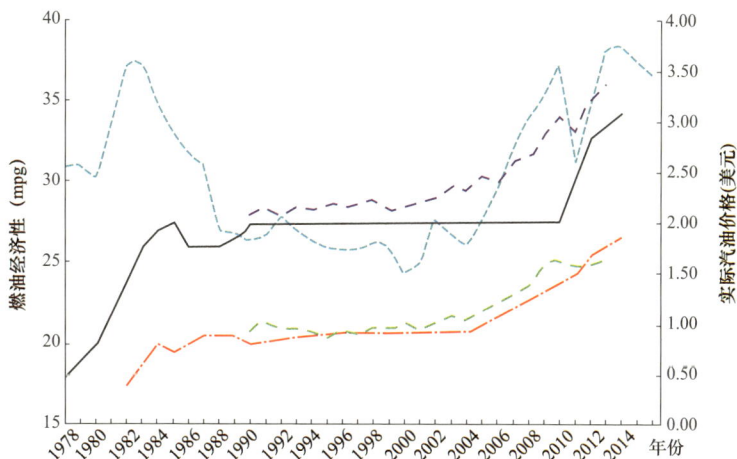

图 2-7　燃油经济性标准和乘用车、轻型卡车的实际燃油经济性年度数据

与实际汽油价格（按 2014 年美元价格核算）对比图

—— CAFE 标准，乘用车；—— CAFE 标准，轻型卡车；－ － － 实际燃油经济性，乘用车；

－ － － 实际燃油经济性，轻型卡车；—— 汽油价格（按 2014 年美元价格核算）

资料来源：http：//www.nap.edu/read/21744/chapter/11♯311。

> "……做了很多尝试去估算燃油价格和 CAFE 标准对能效改进的相对贡献度……但委员会并不认为贡献度的边界可以清晰鉴定。可以肯定的是，这两者都很重要，就像汽车制造商把汽车减重作为一种节省成本的措施一样重要。在 20 世纪 90 年代燃油价格下降时期，CAFE 标准对于防止燃油经济性下降起到了主导作用㉓。"【研究中重点强调】

在 2015 年进行的一项对轻型汽车的成本、效益以及燃油经济性技术的发展研究中主要表达了对未来的展望，但并没有对过去做出明确的总结。

㉓　"企业平均燃油经济性（CAFE）标准的效益与影响"，企业平均燃油经济性（CAFE）标准的效益与影响委员会、能源和环境系统委员会、国家研究委员会，2003 年，第 15 页，詹姆斯·斯威尼（James Sweeney）是该委员会的成员之一。

不管这两个因素的相对重要性如何，迈克尔·西瓦克和布兰登·舒特勒❷
监测的数据显示，CAFE 标准和较高的汽油价格（直到最近几年才下降）使新
型乘用车的燃油经济性保持较高水平。近年来，随着汽油价格大幅下跌，新型
汽车的 mpg 略微减少。图 2-8 给出了月度和车型年份的销量加权平均燃油经济
性的最新数据。

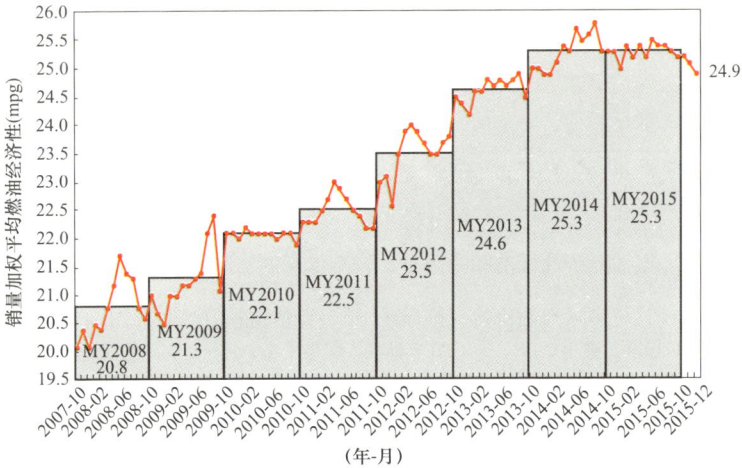

图 2-8　新型汽车的销量加权平均 MPG

资料来源：Michael Sivak 和 Brandon Schoettle；http：//www. umich. edu/～

umtriswt/EDI_sales-weighted-mpg. html。

2008 年新款车型的平均燃油经济性为 20.8mpg（4.8gphm）；2015 年新款
车型的燃油经济性提高到 25.0mpg（4.0gphm）。

近期的汽油价格大幅下跌，人们可能会猜想燃油效率是否会持续增长。如
上所述，2012 年奥巴马总统提出 2025 年乘用车和轻型卡车的燃油经济性要提
高到 54.5mpg 的目标。虽然目前的低油价让制造商难以达到这个目标，但是，根

---

❷　资料来源：http：//www. umich. edu/～umtriswt/EDI_sales-weighted-mpg. html。

据过去制造商对 CAFE 标准的反应，即使汽油价格保持在低位，制造商也能够满足任何在合理范围内的 CAFE 标准。

但具体标准尚未立法规定。CAFE 标准由美国交通部国家公路交通安全管理局制定和执行。美国环保署还会设定温室气体排放标准，一般都和 CAFE 标准相一致。这些机构由总统任命的人管理。因此，正如奥巴马总统所做的那样，下一届美国总统有权利上调或下调这些标准。燃油效率是否会继续提高取决于未来美国总统的决策、技术选择和经济激励措施。

接下来我们讨论另一种交通技术——航空。

2.1.4　航空

与乘用车和轻型卡车不同，飞机的能效在能源危机之前就不断在提高。由波音和空中客车公司生产的最新飞机能效持续在提升。

飞机能耗减少很大程度源自飞机技术的变化，包括发动机和机身。如图 2-9 所示，1997 年政府间气候变化专门委员会（IPCC）的专题报告显示，1997 年飞机发动机的油耗（单位驱动力）比 1960 年减少了约 40％。这一报告还显示，每客座的飞机燃油效率在进一步提升。换言之，1960～1997 年，新飞机每客座英里油耗减少了 70％，之后又进一步下降[25]。

虽然 IPCC 报告以 1960 年水平为基础，但其数据显示，1973～1997 年，新型飞机的每客座英里油耗下降了约 40％，估计到 2014 年会下降得更多。

这些能效提升得益于许多工程决策，其中包括将节能作为设计要点。飞机

---

[25]　之后，2005 年由荷兰国家航空航天实验室（NLR）三名荷兰研究人员发布的一份报告扩展并批评了 IPCC 的报告。该报告确定了喷气航空公司的报告，但提醒说"最后一个活塞式飞机与目前喷气式飞机平均水平一样节能"，http://www.transportenvironment.org/sites/te/files/media/2005-12_nlr_aviation_fuel_efficiency.pdf。

制造商（如波音公司和空客公司）很了解他们的客户——航空公司会继续评估可能采购飞机的燃油成本。节省燃油是一个持续性目标，因为燃油占航空公司总成本的 12.5％～32.5％❷❻。在市场力的驱动下，乘客选择航空公司，航空公司选择飞机，飞机制造商选择喷气发动机，加之其他技术的改进，促使提升能效成为一项长期缩减成本的策略，这种策略贯用于飞机市场供应的每个环节中，从而令飞机能效能够得到持续的提升。

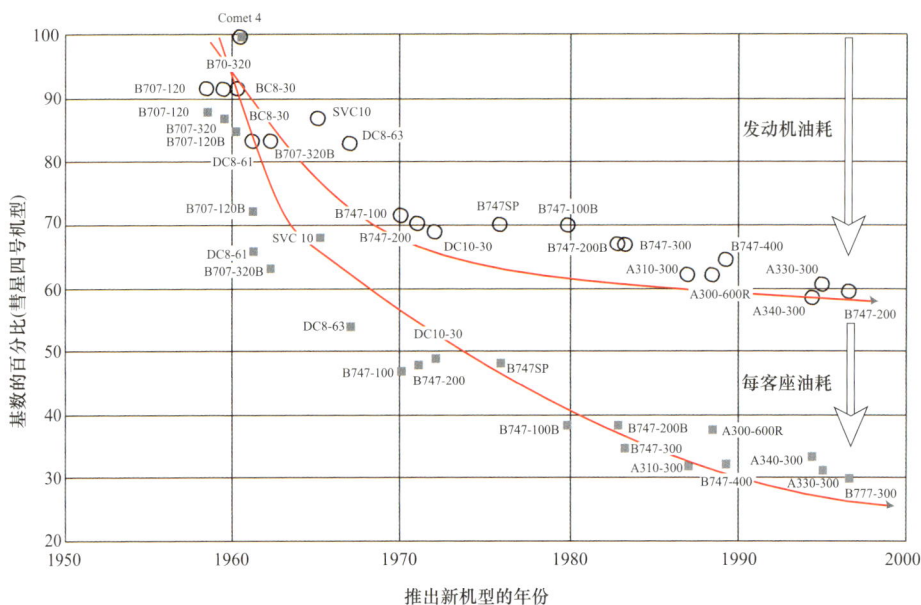

图 2-9　飞机的能效提升

资料来源：1997 年政府间气候变化专门委员会专题报告《航空与全球大气》。

例如，飞机的翼尖小翼（相对于较小的，上下翘起的机翼延伸部分，用于

---

❷❻　资料来源：J. J. Lee，S. P. Lukachko，I. A. Waitz，A. Schäfer.“飞机性能、成本和排放量的过去和未来趋势”，《2001 年年度能源和环境评估报告》，2001（26）：167-200。

减小翼尖阻力）可以将飞机巡航中的每英里油耗降低几个百分点❷。

翼尖小翼的发展是能源危机的一项技术响应，美国国家航空航天局（NASA）明确提出开发翼尖小翼以提高能效，随后这一技术应用于民用领域。正如 NASA 所述：

> "在 1973～1974 年阿拉伯石油禁运之后，美国航空公司面临燃油成本直线飙升，这足以打击整个行业。为了提高飞机运营的能效，NASA 制订了飞机能效（ACEE）计划。其中一个研究方向由兰利研究中心（LaRC）负责。该中心有一位优秀的工程师理查德·T. 惠特康特（Richard T. Whitcomb），详细阐述了 19 世纪末提出的一个概念——翼端板。"

......

1979 年 7 月 24 日，第一架翼尖小翼飞机从 NASADryden 飞行研究中心起飞。

......

48 次的飞行测试证明了翼尖小翼可以减少翼尖阻力，使得燃油效率提高了 6%～7%。如今，商业航空公司和其他航空公司依然依靠不断改善翼尖小翼来提升燃油效率❷。

里尔公司（Learjet）和湾流公司（Gulfstream）最早开始采用翼尖小翼。从 20 世纪 80 年代开始，波音公司和其他公司才陆续将翼尖小翼整合到自己的喷气式飞机上。自 1979 年以来，翼尖小翼一直被持续改善，并广泛应用于中长途飞机。

---

❷ 飞机制造商设计飞机的决策与汽车制造商设计汽车和轻型卡车的决策之间存在重大差异。前者通常没有政府的能效规定，而后者必须满足 CAFE 标准。飞机制造商了解，他们的客户（航空公司）将在充分了解飞机的运营成本后才决定购买飞机。而汽车制造商了解，他们的客户不大可能计算出自己购买汽车的全部运营成本。请参见汽车制造商对客户的讨论，源自"汽车和轻型卡车"这一部分引用的国家研究委员会的两大研究。

❷ "美国国家航空航天局历史上的本月：翼尖小翼帮助拯救行业"，科学项目和工程指导院（AP-PEL），2014 年 7 月 22 日，请参见：appel.nasa.gov/2014/07/22/this-month-in-nasa-history-winglets-helped-save-an-industry/。

翼尖小翼

资料来源：https://spinoff.nasa.gov/Spinoff2010/t_5.html。

另一个最近的工程决策是在飞机上使用新的轻质材料，特别是复合材料。空客公司和波音公司最近都推出了大型双通道飞机——空客 A350 和波音 787 梦想客机，其主体结构（机身、机翼和尾部）主要是复合材料而不是铝合金材料。大幅减重直接转化为燃油节省，与将要被替代的飞机型号相比，这两个系列的飞机燃油效率提高了 20%～25%。

人们对降低燃油成本的期望促使了工程和设计方面的变化。除了采用翼尖小翼，小型制造商（里尔和湾流）还使用了复合材料，而且复合材料已经应用于军用喷气式飞机。尽管有更大更快的机型可作为替代，但是波音公司和空客公司由于受到客户（航空公司）的强烈鼓舞，积极地开发燃油效率更高的飞机。在多重市场因素驱动下，飞机能效持续提升。

2.1.5 计算

数据中心或其他计算集群在经济体的商业、工业部门无处不在。通过提高计算效率并减少与周围环境相关的能源损失（特别是冷却及其他开销），这些中心和集群已经变得更加节能。这些变化似乎是市场和政策所驱动，首先是市场驱动，由于正在使用和存储的数据量呈指数级增长，因此需要控制计算和数据存储成本〔例如，一些业主或运营商受过良好教育（NREL 水平以下）或有国际运营经验（从而利用国际力量来保持价格低廉，类似于上述航空业的经验）〕。另一个驱动力始终来自政策方面，美国能源部和公用事业给予了大量财政支持。

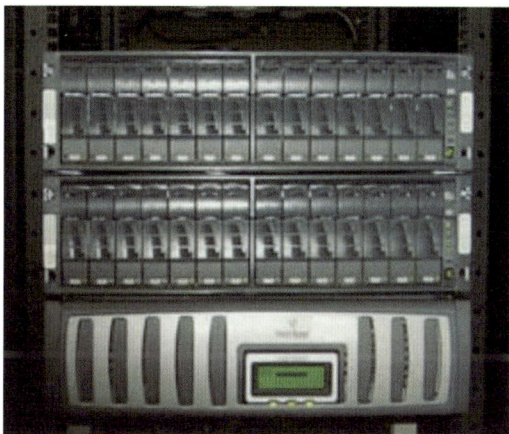

网络设备（NetApp®）文件服务器

资料来源：http://www.arm.gov/news/facility/post/987。

　　分别由 NetApp 公司和国家可再生能源实验室（national renewable energy laboratory，NREL）发布的两则新闻提及了能效提升，两者都强调其数据中心的电源使用效率（power usage effectiveness，PUE），PUE 是数据中心的能耗与 IT 负载能耗之比。如果 PUE 为 1.0，则所有能源都用于计算设备，如果 PUE 为 2.0，那么数据中心只有一半的能源用在计算设备上。

　　2009 年，NetApp 宣布其新数据中心的 PUE 将达到 1.2，与 PUE 2.0 的系统相比，该系统的能耗减少 40％。NetApp 在新闻稿中强调，较低的 PUE "会帮助自己每年节省 730 万美元"。降低成本的动机与 NetApp 的节能行动相一致。

最近，NREL 建立了高性能计算数据中心。NREL 的任务包括开发可再生能源技术和能效技术。该实验室宣布高性能计算数据中心的 PUE 不高于 1.06。虽然如此低水平的 PUE 并不是商业设施所特有的，但它确实展示了提升能效的新技术配置。这样的示范为私营企业提供了有用的信息，它表明低水平的 PUE 是可能实现的，并揭示了如何实现这一目标。

作为一种相对较新的技术，计算机服务器虚拟化意味着可以在同一台服务器上同时运行多个操作系统和应用程序。公司可以减少其业务应用程序所需的服务器数量和类型，从而减少计算机的数量、耗电量、冷却需求以及冷却系统的能耗。

VMWare 提供的虚拟化的开发并非仅仅为了提升能效。事实上，能效是降低整体成本的一部分。VMWare 把虚拟化宣传作为一种降低计算机设备成本的手段。例如，VMWare 网站❷如此来宣传虚拟化："一种降低 IT 支出同时提高效率和敏捷性的唯一最有效的方式——不仅适用于大型企业，还适用于中小企业。"尽管能效一直是计算技术的次要动机，但虚拟化提高了能效。

基于上述的两个例子，我们可以了解到降低能耗的需求促进了技术的进步。然而，其他变化却并不依赖于技术进步，尽管技术进步确实发挥了一定作用。接下来，我们来看看广泛采用现有技术导致能效提升的几个例子。

2.2 节能技术的不同应用

1973～1974 年能源危机爆发之前，一些节能技术（建筑保温、热水器保

---

❷ 资料来源：http://www.vmware.com/virtualization/overview.html。

温、可编程温控器和变速水泵）已经得到采用。能源危机爆发后，这些技术不断改进并被广泛使用。

2.2.1　建筑物保温

能源价格上涨和降低能源成本的意识促使人们在家庭和其他建筑物中安装更多的保温材料。由于对新建的建筑物保温标准有所提高，因此在能源危机后墙壁和天花板通常保温性良好。现有建筑物才更具挑战性，因为把保温材料铺设在现有墙壁上成本很高。对于拥有阁楼的家庭来说，可以在阁楼天花板下方安装玻璃纤维保温板。而对于拥有架空层但没有阁楼的家庭来说，可以在架空层安装保温材料。一些新公司就在提供这些安装服务，并积极推销其服务。

建筑物保温

资料来源：http：//energy. gov/energysaver/articles/adding-insulation-existing-home。

联邦政府和一些州政府（例如加利福尼亚州）鼓励为建筑物提供更好的保温性能。例如，节能网站 Energy. gov 就在指导那些喜欢自己动手而不是与能源服务公司签订合同的家庭来安装家庭保温材料❸⓿。

2.2.2 其他建筑节能技术

保温不仅限于建筑外部。人们可以用低成本的保温材料包住家用热水器，从而减少能源损耗。只要公用事业公司、州政府和其他实体单位开始宣传这种措施，就会有更多房主采纳这项简单可行的技术。

高能源成本鼓励人们安装挡风条和替代通风窗。虽然窗户昂贵，但挡风条却很便宜，并且还可以由房主自己安装。人们现在普遍采用挡风条，而很少安装节能的新窗户。

第一代恒温器，即可编程恒温器能够在家庭成员入睡后自动降低加热温度，或者在没有人在家时升高冷却温度。然而第一代恒温器存在一个问题：大多数人实际上从未为恒温器编程序❸①。因此，可编程恒温器对能耗影响不大。但是，第二代恒温器的制造商通过在销售之前对其进行预先编程来解决这一问题。因此，新安装的恒温器无需家庭编程就可以在晚上家庭成员入睡后自动降低加热温度，或者在白天没有人在家时升高冷却温度。房主的默认选项是节能程序，但也可以设置任何模式，默认选项非常强大。通过使用节能的时间模式，预编程恒温器这一改变避免了非编程恒温器存在的问题。

有些人因为使用电视机、家庭娱乐系统和打印机等多个电子设备而使用排插。如果关闭排插的总开关，可以确保电子设备不会消耗电量。人们可以远程控制排插和定时器上的插头。虽然通过使用排插来进行能量管理已经普及，但这一做法似乎并没有被广泛采用。

很多人不知道有游泳池的家庭、酒店或其他商业机构其实可以采用变速水泵

---

❸⓿　如访问：energy. gov/energysaver/articles/adding-insulation-existing-home。

❸①　人们从来不会为录像机编程，所以录像机会一直闪动吗？

替代恒速泵能够节省能源。与传统的恒速水泵相比，变速水泵可以减少 60％～90％的能耗。但是为了做出这一改变，水池所有者需要了解这个选项。在过去十年里，客户资助的公用事业计划花费了大量资金和精力，试图引导客户节省能源。

当企业对建筑物的能效做出承诺时，这通常意味着不单单是一个变动，而是大量的变动。即使每个变动只能产生较小的影响，但结果却缓慢而稳定地积累，最终导致能源强度大幅下降，沃尔玛公司就是其中的一个例子。如 2014 年《全球责任报告》所说：

变速水泵

资料来源：http://www.hayward-pool.com/shop/en/pools/maxflo-vs-i-pmmxvs-1。

"2012 年和 2013 年，随着持续降低全球设施的能源密度（kWh/ft²），我们已经完成并开始实施许多节能措施，包括安装销售区 LED 照明、高效（HE）制冷机组、高效加热、通风和空调机组、冷冻柜门、停车场 LED、能源管理系统、电压优化系统、冷冻柜 LED，以及建筑物和高效空气处理装置的后期调试❷。"在这份报告中，沃尔玛描述了所有变化产生的影响：

"截至 2012 年年底，我们宣布达成了 2005 年的承诺——与现有商店、俱乐部和配送中心相关的温室气体排放量减少了 20％，比我们的七年目标还提前了一年。这些减排大多数是由能效驱动的。"

几个月后，沃尔玛领导人宣布了公司的新目标，即与 2010 年基准相比，到 2020 年，所有运营设施每平方英尺的总能源强度（kWh/ft²）将降低 20％❸。

---

❷　资料来源：http://cdn.corporate.walmart.com/db/e1/b551a9db42fd99ea24141f76065f/2014-global-responsibility-report.Pdf。

❸　同❷。

在 2015 年的报告中，沃尔玛描述了持续的结果：

"截至 2014 年年底，我们正在迈向这一新目标。与 2010 年基准相比，每平方英尺的能耗减少了 9％。自 2013 年年底以来，这一比例提高了 2％"。❸❹

2.2.3　联邦政府大楼的能效

凭借美国总务管理部门和其他机构执行的政策和方案，联邦政府设施（主要是建筑物）大幅降低了能耗。这些措施包括安装高效照明、保温和建筑管理系统。美国能源信息署公布的数据显示（如图 2-10 所示），1975～2013 年，联邦政府设施（主要是建筑物）的能源强度（以 1000 BTUs/ft² 计算）下降了近 50％❸❺。

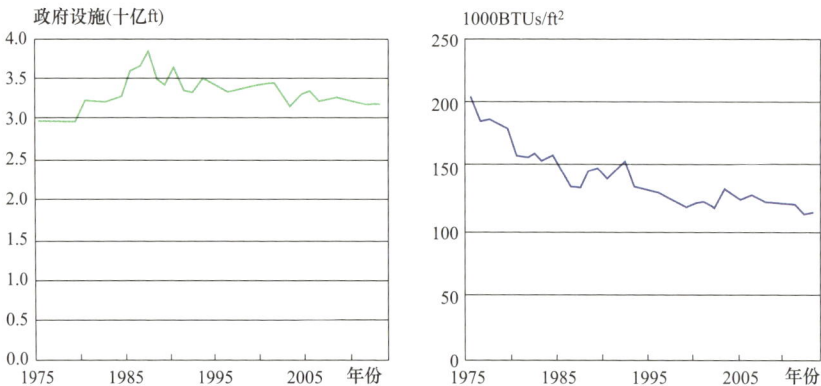

图 2-10　联邦政府设施的能源强度变化

资料来源：能源信息管理局 http：//www.eia.gov/todayinenergy/detail.cfm？id＝19851。

---

❸❹　资料来源：http：//cdn.corporate.walmart.com/f2/b0/5b8e63024998a74b5514e078a4fe/2015-global-responsibility-report.pdf。

❸❺　根据《建筑能源数据手册》，2007 财年联邦大楼能源消耗量占美国建筑物消费总量的 2.2％，占美国能耗的 0.9％。五大联邦机构占美国联邦大楼一次能源消耗总量的 83％，它们分别是：美国国防部（DOD）（54％）、美国邮政管理局（USPS）（10％）、美国能源部（DOE）（10％）、美国退伍军人事务部（VA）（6％）和美国总务管理局（GSA）（5％）。请注意，联邦机构需要满足美国法律部门于 1978 年制定的能源管理规定。（参见：http：//energy.gov/eere/femp/energy-management-mandates-federal-legal-authority）。

2.3　企业实践的改变

2.2 中列举了有关全新能效技术和改良技术及其推广应用的实例，但仍有一些例子（特别是在公司内部）与具体技术无关，而是与公司内部的个人行为或企业的组织行为相关。

2.3.1　把减少能耗作为利润/成本策略

对于能源成本高的企业，以提升能效为出发点的管理方针已成为重要的营利策略。许多这样的公司雇用了能源协调员或可持续发展协调员，他们负责寻找降低能耗的方法，以降低成本提高利润。能源协调员的职能因特定公司的产品和流程而异，所以不能一概而论。以下是几个例子。

杜邦钛科技公司（杜邦子公司）的 2008 年新闻稿可以说明这些战略的广度和收益。

其标题宣称节能减排行动为公司节省了 1 亿美元，以此证实了投资回报。这些策略包括"利用每一个可能的机会来节能，聚沙成塔，聚水成涓"。与整个经济中的能效一样，工业能效不以少量的"灵光乍现"时刻为基础，而是由许多细微的影响积聚而成，所谓"聚沙成塔，聚水成涓"。像经济中的大多数能效提升项目一样，收益源自持续改进，因而需要"持之以恒"的态度。

对于杜邦钛科技公司来说，这一现象并不罕见，8 年前发布这一新闻稿时，这些变化已经持续了 7 年。总而言之，能效提升不仅限于某一类变化，而是涉及许多类型的变化：杜邦公司升级硬件和软件，为运营商提供更详细的能源信息；研发制造低能耗产品；按照更低的能耗指标筹建工厂。

节能项目为杜邦活动节省 1 亿美元

GreenBiz 员工：

2008 年 3 月 3 日　星期一　下午 5：00

自 2001 年以来，杜邦钛科技公司通过创新和运营优化减少能耗，节省 1 亿多美元。

公司是世界上最大的二氧化钛生产商，每磅产品的能耗降低近 30％。

公司副总裁兼总经理里克·奥尔森说："我们并非一蹴而就！位于世界各地的基地正在寻找每一个可能的节能机会，聚沙成塔，聚水成涓。"

公司升级了厂房控制室的硬件和软件，为操作员提供更详细的能源信息。杜邦公司还发明了可以低耗能制造的新型颜料产品。公司计划在中国建设的新工厂将采用非能源密集型制造方法。

杜邦钛科技的新闻稿

资料来源：www.greenbiz.com/news/2008/03/03/duponts-energy-reductions-save-100m。

2.3.2　数据驱动的工业能源管理

工业能源管理通常需要公司各种工艺和设施中能耗的相关数据，以提供给能够有效管理能耗的人员。不少企业已经完成了这个工作，微软是其中之一。

微软使用广泛的数据流程来实现能效管理，他们开发和使用软件，能够从中心站跟踪每个设施的建筑性能指标（见图 2-11，由微软提供）。在建筑和设备层面，对不同时期的能耗情况进行跟踪和分析。微软表示："该团队现在每 24h 处理 5 亿次数据传输，智能建筑软件为工程师提供性能不佳设备的优先列表。优化算法所节省的费用可以抵消一次维修的成本，除了节省直接的维修费用外，还节省了由于其他因素引起的不可预知的能源损失，例如维修给正在办工的员工带来的难以估量的影响[36]。"微软估计，这个系统每年可以减少 6％～10％的能耗，前期投资在一年半内可以收回[37]。

---

[36]　"现在"指的是文章发布时间，即 2013 年（参见：https://www.microsoft.com/en-us/stories/88acres/88-acres-how-microsoft-quietly-built-the-city-of-the-future-chapter-2.aspx）。

[37]　资料来源：https://www.microsoft.com/en-us/stories/88acres/88-acres-how-microsoft-quietly-built-the-city-of-the-future-chapter-4.aspx。

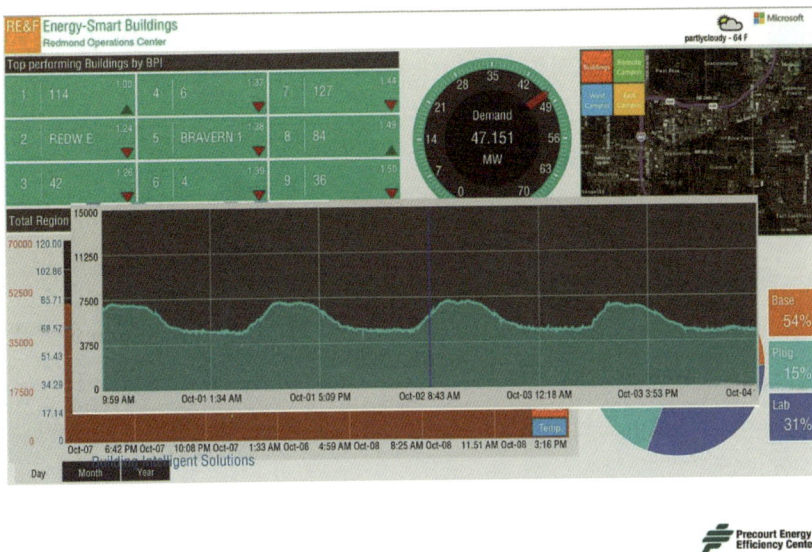

图 2-11　用于监测能源使用的微软仪表板

资料来源：微软公司。

　　沃尔玛的各种设备消耗大量的电力，有很强的利润动机来管理其能耗。但并不是所有的能耗都由沃尔玛员工来控制，也并非所有的能耗都有规律可循。例如，客户可能会把冷柜或冷柜门打开，从而增加能源损失；个体店老板可能不按照企业标准要求来提高自身节能意识。

　　因此，为了应对这些挑战，沃尔玛建立了一个监管系统。该系统依赖其各大商店中种类多样的传感器，以收集能源的相关信息。这些传感器的数据可以实时反馈给沃尔玛总部的监管系统，世界各地的沃尔玛商店的供暖和制冷都在阿肯色州本顿维尔市受到集中控制，这使得沃尔玛能够大幅减少能耗[38]。该系统包括警报，一旦有异样立即提醒沃尔玛员工。例如，①如果冰箱或冰箱门超

---

[38]　资料来源：http://corporate. walmart. com/news/news-archive/2005/01/07/some-facts-about-Walmarts-energy-conservation-measures。

过特定时间仍未关上，总部的操作员将收到警报，系统按照预定的协议来警告当地商店的工作人员，从而快速地解决问题；②数据系统允许沃尔玛对各种设施进行基准测试，并确定哪些设备没有实现最优管理；③以实施数据为驱动，及时了解设备的工作状况，使沃尔玛能够为次优设备制定具体的干预措施❸。

2.3.3 航空业载管理

飞机（主要是商用飞机）是仅次于❹轿车和轻型卡车的个人出行方式。除了上文讨论过的技术变革外，航空公司的运营也侧重于节省燃油以降低成本❺。这方面的成果非常显著，主要表现为每乘客英里油耗的大幅减少。尽管航空运输继续快速增长，燃油的使用量却一直下降。美国的航空燃油消费量在 2000 年达到高峰，2000～2015 年下降了 15％。这与技术、运营、路线安排、客户激励和其他收益管理有关。本节主要关注收益管理和其他旨在提高航空公司业载的变化。

尽管乘客可能在最后一刻更改机票，定期航班由于天气和维修等原因可能产生各种信息变化，航空公司仍然努力实现 100％ 的客座率，这是一项严峻的挑战。

预期乘坐特定航班的客户数量随星期、月份、节假日以及经济状况呈现系统性变化。虽然从统计学上看，这些变化可以预测，但是一家航空公司不能随着这种统计模式而增减其拥有的飞机数量。它可以做的是根据这些可预测的周期性变化来改变航班时刻表，但是这些可变的选择是受到多重因素严格制约

---

❸ 在本章前面部分，我提供了沃尔玛整体能效提升的量化影响，其中只有一部分来自这个数据密集型系统。

❹ 美国交通部估计，2013 年高速公路的客运里程达到 4.3 万亿 mi（含公路的客运里程 0.3 万亿 mi），认证航空的客运里程达到 6000 亿 mi，铁路的客运里程 400 亿 mi。（http://www.rita.dot.gov/bts/sites/rita.dot.gov.bts/files/publications/national_transportation statistics/html/table_01_40.html）。

❺ 如上所述，由于燃料已经占据航空公司总成本的 12.5％～32.5％，节省燃料成为一个持续性目标。资料来源：J. J. Lee，S. P. Lukachko，I. A. Waitz，A. Schäfer. Historical and Future Trends in Aircraft Performance，Costarcl Emissions. Annual Review of Energy and the Environment，26(2001)：167-200。

的，包括其现有机队、可调配的起降登机口数量和员工数量，以及在对的时间、对的地点提供合适飞机的需求。

此外，因天气或机械问题产生的变化会导致延误或取消航班。这就意味着转机的乘客可能会错过这些航班，而必须被安排到另一个航班。同时，这也表明这架飞机的后续航班将无法准时启航。由此可见，设备问题可能会积压。

由于预期乘坐航班人数统计的变化和可用航班的变化（基于天气和机械问题），100％的客座率几乎不可能实现。

航空公司（以及航空公司顾问）开发了能够适应复杂随机性和动态变化性的计算机优化流程来管理这种随机变化。总体而言，这些流程以"收益管理"的名义进行❷。收益管理的目标是通过预测、监控和影响客户决策来最大限度地利用易损资源❸获得利润。实现利润最大化❹的关键在于保持近100％的客座率；较高的客座率能够减少每乘客英里能耗，而不会大幅影响每客座英里的能耗。

收益管理流程包括对特定路线实施可变定价，这需要统计分析预期乘客数量，以及实时更新实际预订的期望值。根据更新信息，特定航班的定价每天都可以更改。定价涉及市场划分，以不同的价格出售具有不同限制条件的旅程（例如，逗留时间长短以及取消费用），以及有意的超额预订。这种做法可能会引起乘客的不满，但对于航空公司来说有助于增加客座率。收益管理过程还包括鼓励乘客不到最后一刻不要更改定期航班，因为这样航空公司可确认特定的航班是否能够满座。例如，许多航空公司向提前超过一天改签的乘客收取高额

---

❷　收益管理不限于航空公司，而是广泛应用于其他具有易损商品的服务业，例如酒店房间和通信行业。

❸　飞机座位是一个易损的资源，因为一旦飞机起飞，空位无法出售。

❹　产量管理的其他要素增加了收益，但对能效没有影响。而其他策略也增加了航空公司的收益。例如合并航空公司减少了竞争航班的数量、允许加价以及增加容量系数。本书没有分析这些变化是否带来整体经济利益。欲了解更全面的信息，请参阅《航空业业绩：2008—2011 年航空业回顾》编号：CC-2012-029，2012 年 9 月 24 日，美国交通部、美国劳工部监察长办公室。资料来源：https://www.oig. dot. gov/sites/default/files/Aviation Industry Performance％5E9-24-12. pdf。

费用，但允许乘客在航班起飞前 24h 内进行免费改签。

总体旅行成本的下降很大程度上降低了美国航空旅行成本，这也是私营企业能效提升带来的总体经济效益❺。

上一节讨论中指出，技术变革与航空公司管理实践的变化相结合，极大地降低了每乘客英里油耗。图 2-12 绘制了从 1960 年到 2012 年美国认证航空公司❻的能源强度（每乘客英里油耗）的变化。1976 年，认证航空公司运营国内外业务时，每乘客英里油耗均超过 10000BTUs。到 2012 年，国内业务的油耗下降到每乘客英里不到 3000BTUs，国际业务下降到每乘客英里不到 4000BTUs。

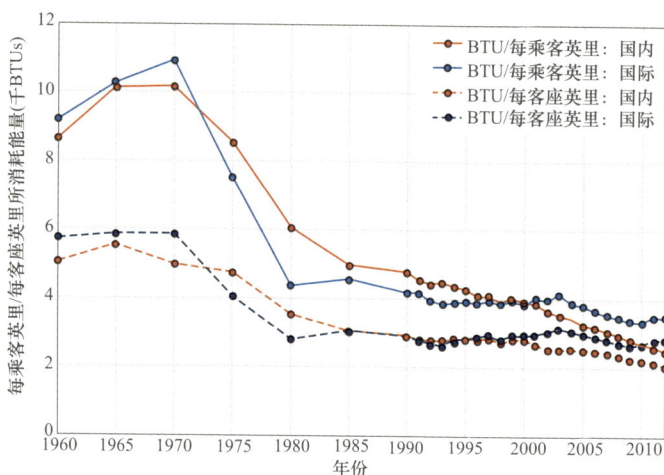

图 2-12　认证航空公司的能源强度

资料来源：美国交通部交通统计局，http://www.rita.dot.gov/bts/sites/rita.dot.gov.bts/files/pub-

licatiions/ national_transportation_statistics/html/table_04_21.html。

---

❺　进口油价的下行压力产生较小的经济收益，请参见上文关于轻型车辆燃料经济性增长的讨论。

❻　包括所有运输乘客或货物的商业航空公司。美国交通部交通统计局，http://www.rita.dot.gov/bts/ sites/ rita.dot.gov.bts/files/table_04_22_1.xlsx。

图 2-12 还显示了能量强度的第二个衡量标准——每客座英里的油耗（标记为深红色和深蓝色虚线）。每乘客英里的油耗比每客座英里的油耗下降得更快。这两个能源强度的衡量标准有所不同，是因为航空公司成功提高了业载系数（即客座率）。

如图 2-12 所示，到 2012 年，每乘客英里油耗分别下降到 1975 年国内和国际业务水平的 29％ 和 46％。为了便于理解，每乘客英里油耗可以分解为以下两个因数的乘积，即每客座英里的油耗和每乘客英里的客座英里。（每乘客英里的客座英里是业载系数的数学倒数）。到 2012 年，每客座英里的油耗分别下降到 1975 年国内和国际业务水平的 43％ 和 68％。每乘客英里的客座英里均下降到 1975 年国际和国内业务水平的 67％。

每客座英里的油耗变化源自技术和运营实践的变化，而业载系数的变化主要源自航空公司的运营实践变化。对于国际业务来说，每客座英里的油耗变化和业载系数的变化对于每乘客英里油耗影响相当。而对于国内业务来说，每客座英里油耗的变化是每乘客英里油耗的主要影响因素。

航空运营能源强度的大幅度下降意味着，即使航空运输继续快速增长，其油耗仍然会一直下降（如图 2-13 数据所示[47]，红色虚线和蓝色虚线为乘客里程，亮红色和深蓝色实线为油耗）。

对于那些燃油成本占据大部分运营成本的航空公司，他们非常乐意减少每乘客英里油耗。每乘客英里更少的油耗直接意味着每位乘客的成本更低。航空公司既可以把节省的成本当作增加的利润，也可以利用成本节省来降低客户的成本，如提供更低的票价。票价无需统一降低，可以在收益管理系统内选择性地降低。低价票往往会促使乘客人数的增加，从而增加利润。通过收益管理系统选择性地降低票价可

---

[47]　资料来源：http://www.rita.dot.gov/bts/sites/rita.dot.gov.bts/files/table_04_22_1.xlsx。

以使航空公司拥有100％的客座率。无论航空公司使用哪种策略，只要能够减少每乘客英里油耗，就可以增加利润，从而提高市场竞争力。

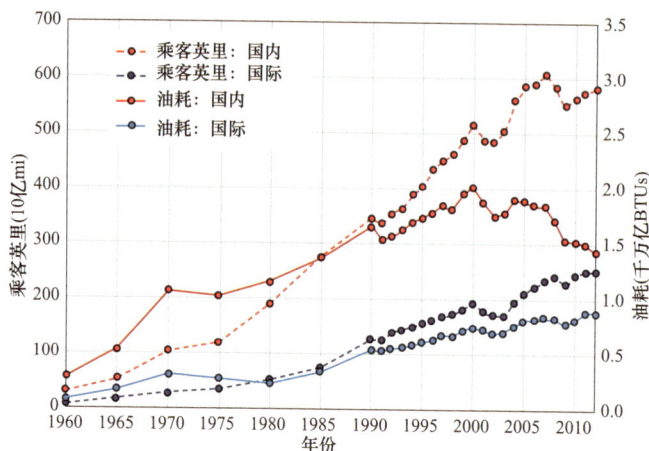

图 2-13　航空公司乘客英里和油耗

资料来源：http://www.rita.dot.gov/bts/sites/rita.dot.gov.bts/files/table_04_22_1.xlsx。

此外，航空公司的兼并能够减少竞争航班以及冗余的运营中心。他们通过减少航班数量来减少可用的载运容量❽。这些变化与收益管理系统共同作用，提高了航空公司的业载系数，进一步减少每乘客英里油耗，而不会大幅影响每客座英里的油耗❾。

大幅降低每乘客英里的油耗使航空公司能效大幅提升。喷气发动机制造商（如通用电气、罗尔斯·罗伊斯控股公司和惠普公司）在相互竞争下，均设立了财政奖励来鼓励设计燃油效率更高的发动机。由于飞机制造商（如波音、空客和庞巴迪）之间存在着面向航空公司的销量竞争，他们均会设立财政奖励来支持设计每客座英里油耗更低的机型，包括改善机身设计和结合节能型发动机

---

❽　参见《航空业业绩：2008—2011年航空业回顾》。编码：CC-2012-029，美国交通部、美国劳工部监察长办公室，2012年9月24日，https://www.oig.dot.gov/sites/default/files/Aviation Industry Performance ％5E9-24-12.pdf。

❾　作者没有试图确定减少竞争航空公司和航班的数量是经济有效的，或是否代表航空公司的市场力量。

等。联合航空公司、Delta、美国航空公司和西南航空公司等均有财政奖励，购买节油飞机并进行有效的节能经营。总体来说，每客座英里油耗得到了大幅度下降。此外，航空公司同时设有激励措施以使他们尽可能地保持 100％ 的客座率，从而进一步减少每客座英里油耗，如图 2-12 和图 2-13 所示，这样航空公司的飞行能效就能大大提高。

2.3.4　行为策略

其他公司对其员工实施行为策略来提升能效。例如，雷神公司的员工可以成为"能源冠军"或"能源公民"。雷神公司对这些角色的描述如下：

> "评选能源冠军带来的成效还包含员工组成的志愿者网络，这些员工在其工作领域制定节能策略和措施，从而节省成本。分享进步、总结经验教训和培养创新实践，团队成员之间逐渐形成节约能源和提高效率的文化。
>
> ……"

为了评选"能源公民"，公司组织员工每年参加一次在线测验，评估他们在工作和家中的节能行动。问卷还通过信息链接为员工提供深入教育。通过测验的员工将收到胸针和高层管理人员的赠言，以表彰他们的努力。2009 年，40％（超过 28000 名）的员工获此殊荣[50]。

2008～2014 年，雷神公司的能耗降低了 15％，节省了 5500 万美元的能源成本[51]。虽然这些行为策略的直接影响尚不可量化，但很明显的是，雷神公司的每年能耗减少约 2.5％。

对于陶氏化学公司来说，能源占总成本的很大一部分。董事会和首席执行

---

[50]　资料来源：http://www.mass.gov/eea/docs/doer/energy-efficiency/raytheon.pdf。

[51]　资料来源：http://www.raytheon.com/responsibility/rtnwcm/groups/public/documents/content/crr_pdf.pdf。

官为整个公司设定了节能目标，而实现这一目标需要公司在所有活动中奉行节能的理念。为此他们采取了许多策略，例如分部经理需要提交正式报告，用能源要素来描述该部门采取的节能行动，这是工作汇报的必要组成部分，所以管理者必须努力寻找提高能效的方法。节能建议箱遍布在各办公场所，时刻警醒所有员工能源浪费的代价，同时鼓励员工直接向其管理者汇报相关问题并适时嘉奖，这样一来能源浪费的问题能够及时解决。自 1990 年以来，通过培养员工的节能意识，陶氏化学公司已节省了超过 240 亿美元，能源强度（生产每磅产品所消耗的能量）降低超过 40%。❷

2.3.5 商业楼宇改造

另一个节能实践是通过对旧商业楼宇的改造降低能源成本。随着能源价格的上涨，许多老旧商业楼宇的能效改造可创造更大的利润空间。

帝国大厦是一个成功实现能效改造的典型例子。2009 年，帝国国家房地产信托基金（ESRT）启动了价值 1320 万美元的改造项目，旨在"降低成本、增加房地产价值和保护环境"❸。这一改造包括基建能源系统的更新（例如，更换制冷设备）和租户空间的诸多完善（如楼宇窗户和照明系统的改造）。

这个项目表明，对老旧商业楼宇的改造十分有利可图❹，这能鼓励更多的人对其他楼宇进行能效改造。

---

❷ 资料来源：http://www.dow.com/en-us/science-and-sustainability/sustainability-reporting/energy-efficiency-conservation。

❸ 资料来源：http://www.esbnyc.com/sites/default/files/esb_year_three。press_release_final.pdf。

❹ 这一改造收到来自纽约州的资本补贴，但是根据帝国国家地产信托基金的数据，该项目即使没有补贴仍然有利可图：能源成本节省已经超过了改造时做出的预测。2014 年 8 月的新闻稿写道："过去三年以来，这一方案总共节约了大约 750 万美元的能源成本。""成本节省主要来自以下几方面：继续加强标志性建筑的新系统，以及许多占地十几万平方英尺的新客户根据项目指南进行改造。"请参阅：http://www.esbnyc.com/sites/default/files/esb_year_three press_release_final.pdf。

　　此外，该项目还有一些有趣的特点。例如，为选出最具成本效益的方案，对一系列改造方案进行了评估，项目组少见地公布了项目进程及其选择，同时对隐形能效提升进行了描述。帝国房地产信托的数据表明：

> "推荐的八大项目总共为帝国大厦节省大约 40％的能源。但从外观以及对于第 86 层天文台的游客来说，几乎所有的变化都不明显。"
>
> 帝国大厦的可持续转型不是一蹴而就的，大幅能源节省来自多次改造[55]。

　　如上所述，改造不是一个单一的项目，而是八大项目的综合作用。单独的某个项目对建筑物的能耗影响较小：如图 2-14 所示[56]，虽然每个变化仅减少了 2％～9％，但所有项目综合起来，可节约至少 38％的用电量。

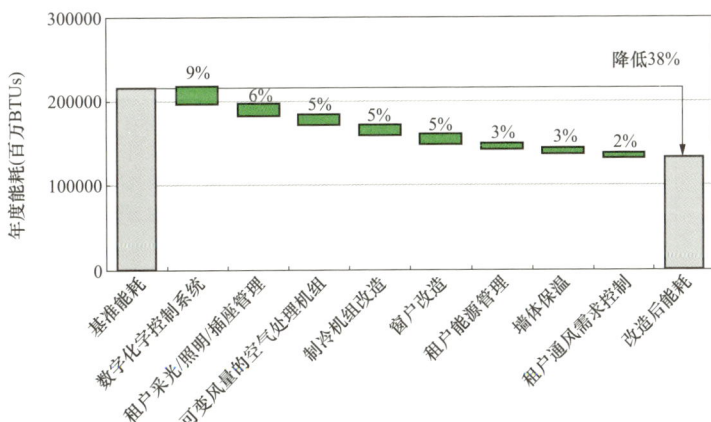

图 2-14　帝国大厦改造产生的节能量

资料来源：由托尼·马尔金提供。

　　帝国大厦作为全美国的节能代表案例，其能效的提升源自许多细微变化。虽然外部人员没有直观感受，但实际能耗却大幅减少。

---

[55]　资料来源：http://www.esbnyc.com/esb-sustainability/project。
[56]　来自帝国国家房地产信托的 PPT："建筑环境中的能效：学习帝国大厦开创性工程"，由托尼·马尔金提供。

2.3.6 通过合同或合作的方式克服收益分散的问题

第一章指出，收益分散问题妨碍了节能行动的全面实施（参见表 1-1 能源使用优化所面临的一些障碍）。简而言之，在办公大楼里，业主负责楼宇和公共区域的维护，租户则负担其租赁空间内的能源成本。由于两者都是出于自身的经济利益而进行优化，因此许多可以互利的能效提升是不能实现的[57]。

解决收益分散问题的新做法是业主和租户之间就合同进行协商，共同投资实现互利的能效提升。租户空间内的能源决策使节能成为可能，而绩效合同尤为重要。

上述帝国大厦的节能改造可以说明这种业主与租客间的绩效合同。图 2-15 显示了帝国大厦改造项目建筑和公共空间租户租赁空间内的节能量[58]，其中大部分的节能量来自租户租赁空间内。

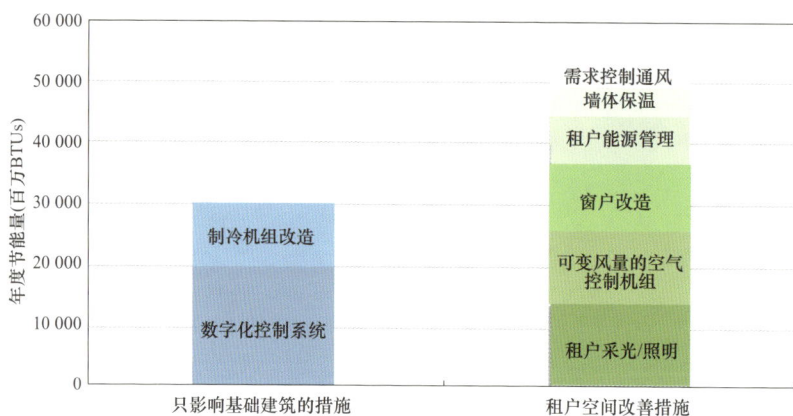

图 2-15 基层建筑与租户空间改善：帝国大厦（ESB）

资料来源：由托尼·马尔金提供。

---

[57] 在其他地方，这些问题在玛丽莲 A. 布朗的 "市场失灵和障碍是清洁能源政策的依据" ［能源政策 29 (2001)：1197～1207］中有所讨论。或参见 K. 吉林汉姆和 J. 斯威尼的 "实施低碳技术所面临的障碍" （气候变化经济性 3），no. 4 (2012)：1-25. doi：10. 1142/S201000 7812500194。

[58] 帝国国家房地产信托 PPT："建筑环境的能效"。

楼宇业主、帝国国家房地产信托基金（ESRT）把租户空间的一系列能效提升作为业主和租户绩效合同中的共同责任。（"八大项目中有五项会依据绩效合同执行……这五个项目每年能节省 240 万美元，而八大项目总共节省成本 440 万美元"）[59]

但是，绩效合同的签署需要建立在业主和租户之间的协作、长期租赁、对能效提升的共同理解之上，还包括多个租户以协调的方式与业主合作形成的信任机制等。对帝国大厦来说，在业主、帝国国家房地产信托基金和行业合作伙伴之间的合作过程中，租户能源分析与度量标准（tenant energy analysis and metrics，TEAM)[60] 为合作提供了框架。

TEAM 进程的一个示例是美容产品领导者 Coty，该公司在 2012 年又租用了帝国大厦的四个楼层。在设计和建造空间时，Coty 有三个主要目标："提高能效、降低成本并尽可能确保为其员工提供最好的环境。"[61] 在与 ESRT 和 TEAM 的伙伴合作中，Coty 评估了前两层的整套能源绩效措施，对基于预估影响和测量后得到的绩效进行能源建模，并获取增量成本信息。表 2-2 展示了价值分析模型的结果[62]。

表 2-2　　　　　各项节能措施的 Coty 能源模型输出

EPM 说明		最初模型			校准后的模型		
		租户每年节电量（kWh）	节约的百分比	每年节约的成本（美元）	租户每年节电量（kWh）	节约的百分比	每年节约的成本（美元）
B-2	ASHRAE-2007 基准	n/a	n/a	n/a	n/a	n/a	n/a
L-1	高能效照明设计	91 574	17.0%	15 110	113 011	14.3%	18 647
L-2	利用日光	37 695	7.0%	6220	27 641	3.5%	4561
L-3	高效的可变风量暖通空调	34 428	6.4%	5681	62 462	7.9%	10 306

[59]　资料来源：http://www.esbnyc.com/esb-sustainability/project。

[60]　欲了解 TEAM 进程的其他信息和资源，请参见：http://www.teamforoffices.com。

[61]　资料来源：http://teamforoffices.com/case-study-coty-inc. 特此感谢 Coty 的温蒂和托尼·马尔金提供以上信息。

[62]　同[61]。

续表

EPM 说明		最初模型			校准后的模型		
		租户每年节电量（kWh）	节约的百分比	每年节约的成本（美元）	租户每年节电量（kWh）	节约的百分比	每年节约的成本（美元）
L-4	通风需求控制	48	0.0%	8	−279	0.0%	46
P-a	静躁器	2133	0.4%	352	4142	0.5%	683
P-2	插头载荷管理-能源之星设备	20 953	3.9%	3457	36 472	4.6%	6018
X-1	插头载荷管理-占用感应条	14 596	2.7%	3457	25 254	3.2%	4167
X-2	插头载荷管理-NightWatchman 软件	19 401	3.6%	3457	41 482	5.2%	6845
X-3	低速空气处理机	9795	1.8%	3457	18 958	2.4%	3128
	已实施项目总计（L-1 到 P-2）	186 832	34.7%	3457	243 449	30.7%	40 169

所选择的措施已纳入空间设计之中，并为下一阶段提供信息依据。Coty 估计，在 17 年的租赁期内，能效投资将为其节省约 48.6 万美元，而成本仅为 11.3 万美元（贴现现值）。

表 2-3 总结了到目前为止预计设计绩效和测量绩效。

表 2-3　　　　　　　　　Coty 项目信息、预计绩效和测量绩效

第 1 阶段外部空间（第 16 层和 17 层）	项目设计预期		测量与验证（M&V）校准后	
建筑面积	8 万 ft²		8 万 ft²	
模拟节能量	32%		30.7%	
每年节电量	186 396kWh	1.2kWh/ft²	243 449kW	1.5kWh/ft²
租期内总节电量	3200MWh	19.9kWh/ft²	4100MWh	26.0kWh/ft²
增加的实施成本	144 200 美元	0.91 美元/ft²	144 200 美元	0.91 美元/ft²
建模软件成本	9000 美元	0.25 美元/ft²	9000 美元	0.25 美元/ft²
国家奖励措施	39 582 美元	0.06 美元/ft²	39 582 美元	0.06 美元/ft²
调整后增量实施成本	113 618 美元	0.71 美元/ft²	113 618 美元	0.71 美元/ft²
租期内节省电费	548 317 美元	3.44 美元/ft²	716 148 美元	4.49 美元/ft²

续表

第1阶段外部空间 （第16层和17层）	项目设计预期		测量与验证（M&V）校准后	
租期内节省电费（现值）	371 893 美元	2.33 美元/ft²	485 723 美元	3.05 美元/ft²
项目投资的净现值	258 275 美元	1.62 美元/ft²	372 105 美元	2.34 美元/ft²
租期内投资回报率	227%		328%	
内部收益率（IRR）	32.1%		44%	
回收期（含奖励措施）	3.5 年		2.7 年	

Coty 和 ESRT 已经公开了这些结果，以便其他人能够了解如何在自己的决策过程中采取行动❸。

2.3.7　激励措施：内部碳定价

另一个新做法涉及影响整个公司能源使用决策的内部定价系统。如果在公司内全面实施这种制度，会对外部能源价格上涨产生类似的激励，因此带来的外部成本可能会造成公司相关成本的增加，但是公司不必实际支付这类成本。

被广泛采用的内部价格体系——内部碳价格，不是专门针对能源设置的体系，而是针对二氧化碳排放量。然而对于大多数公司来说，二氧化碳排放的主要原因却是使用能源。因此，内部碳价格几乎等同于内部能源税。对于许多公司而言，这一碳税收与认知风险相关，其认知包括对于未来法规或碳定价的理解。

在企业内实施内部碳价格能够在全公司范围内形成激励机制以减少能耗。重要的是，碳定价会使公司各级管理层关注能源和碳成本。

根据碳信息披露项目（carbon disclosure project，CDP，一个促进自愿碳定价的非营利组织）提供的信息，图 2-16 列出了截至 2015 年采用内部碳价格的近 100 个北美公司。❹

---

❸　请参见：http://teamforoffices.com/case-study-coty-inc。
❹　资料来源：http://www.cdp.net/CDPResults/carbon-pricing-in-the-corporate-world.pdf,第 61 页和第 62 页。

	公司	国家	价格（美元）
非必需消费品	ARGENT ASSOCIATES 公司	美国	
	Baccus Global 有限责任公司	美国	
	Canadian Tire 有限公司	加拿大	6.36～30
	Fruit of the Loom	美国	
	通用汽车公司	美国	5
	迪斯尼公司	美国	10～20
必需消费品	阿彻丹尼尔斯米德兰公司	美国	
	金宝汤公司	美国	
	Chicken of the Sea Intl	美国	10.25
	高露洁棕榄公司	美国	
	迪安食品公司	美国	
	荷美尔食品公司	美国	
	Pacific Coast Producers	美国	
	WhiteWave Foods 公司	美国	
能源	阿帕奇公司	美国	
	ARC 资源有限公司	加拿大	3.77～22.60
	Canadian Oil Sands 有限公司	加拿大	11.3
	Cenovus 能源公司	加拿大	11.30～48.96
	雪佛龙公司	美国	
	康菲石油公司	美国	6.0～51.0
	安桥公司	加拿大	150.66
	Encana 公司	加拿大	15.07～94.16
	埃克森美孚公司	美国	80
	赫斯公司	美国	
	赫斯基能源公司	加拿大	
	帝国石油公司	加拿大	80
	Keyera 集团	加拿大	
	西方石油公司	美国	
	Pengrowth 能源公司	加拿大	
	Suncor 能源公司	加拿大	11.30～41.43
	TransCanada 公司	加拿大	
	Vermilion 能源公司	加拿大	11.30～24.69

图 2-16　内部碳价格:北美地区公司(一)

	公司	国家	价格(美元)
金融	蒙特利尔银行	加拿大	
	纽约梅隆银行	美国	23.87
	高盛集团	美国	
	道明银行	加拿大	7.53
	富国银行集团	美国	
医疗	Allergan 公司	美国	
工业	卡万塔能源公司		
	康明斯公司		
	达美航空		
	通用电气公司	美国	
	Owens Corning	美国	10.0～60.0
	派克汉尼汾公司	美国	
	史丹利百得	美国	18.0～150.0
	坦能公司	美国	
信息技术	Adobe 系统公司	美国	
	ASOCIAR 有限公司	美国	
	谷歌公司	美国	14
	微软公司	美国	4.4
	PMC-Sierra 公司	美国	
材料	Agrium 公司	加拿大	11.3
	巴里克黄金公司	加拿大	24.15
	Caraustar 实业公司	美国	
	Catalyst Paper 公司	加拿大	22.6
	杜邦公司	美国	
	伊士曼化工公司	美国	
	哈蒙德	美国	
	HudBay 矿产公司	加拿大	15.07～37.66
	PaperWorks 实业公司	美国	
	Resolute 林产品公司	加拿大	
	Teck 资源有限公司	加拿大	11.30～30.13
	陶氏化学	美国	

图 2-16　内部碳价格:北美地区公司(二)

	公司	国家	价格(美元)
电视服务	Genband	美国	
	World Wide 科技控股公司	美国	
公共事业单位	阿莫林公司	美国	23～53
	美国电力公司	美国	
	Capital 电力公司	加拿大	
	CMS 能源公司	美国	
	爱迪生公司	美国	
	DTE 能源公司	美国	
	Duke 能源公司	美国	
	能源公司	美国	
	Eversource 能源公司	美国	
	Exelon 电力公司	美国	
	Idacorp 公司	美国	
	洛杉矶水电部	美国	12.45～35.90
	NiSource 公司	美国	20
	NRG 能源公司	美国	
	OGE 能源公司	美国	
	Pinnacle West Capital 公司	美国	
	Sempra 能源公司	美国	13.06
	TransAlta 公司	加拿大	11.30～22.60
	Xcel 能源公司	美国	9.0～34.0

图 2-16　内部碳价格:北美地区公司(三)

资料来源:www.cdp.net/CDPResults/carbon-pricing-in-the-corporate-world.pdf,第 61 页和第 62 页。

下文摘自碳信息披露项目发表的《给风险定价:企业界的碳定价》:

"越来越多的美国和加拿大公司（从 2014 年翻了一番，2015 年达到 97 家公司）正在为其碳排放分配内部价格。这些公司包括消费者高度信任的消费品牌（如高露洁棕榄公司和金宝汤公司）、全球工业（如通用汽车公司）以及金融巨头（如资产排名前十的道明银行）。尽管各个国家和各个州的法规零碎且没有连贯性，但全球公司也自愿实施碳定价，部分原因是为了应对企业在其他地区法规监管制度下的强制性碳定价❻❺。"

2.4　总结

自 1973 年能源危机以来，美国经济中遍布技术改进、技术改革实施以及公司或个人实践的变化。除了针对轻型汽车的 CAFE 标准外，上述的大部分节能改进都是在建筑物、公司或家庭层面实施的。单独来看，每个建筑层面、公司层面或家庭层面的变化对整体国家能源使用影响较小。然而公司或建筑物内的许多较大规模的变化来自于一系列微小变化（例如更换灯泡、更换电机或阀门），而这些变化独立来看往往是十分平凡的，其中大多数是外部人士及至业内人士都觉察不到的。

但是，由于美国经济中有许多企业和个人实施节能措施或技术，并以多种不同的方式进行，所以累积起来在全行业和全球范围内产生了巨大的影响。这些累积的影响将在下一章中量化展示。

本章中虽然采用了一些具体的重要例子来描述能效提升的变化，但并未进行全面地描述。还有很多其他变化，在此不做讨论。本章描述了采用特定技术（轿车、卡车、飞机、照明和制冷）大幅降低能耗的一种模式。尽管对于诸如

---

❺　同❹，第 4 页。

家庭，商业建筑和工厂等更为整合的系统来说（不包括联邦政府大楼），很难提出一个万能方案。一些建筑物和公司的能耗大幅减少，而其他建筑物几乎没有变化。但是，在下一章中，我们会发现整体影响一直很大，广泛分布的许多小变化的汇聚起来对能耗产生了巨大的影响。

为了检验所有这些变化的整体影响，下一章会介绍美国能耗的总体统计资料。其中研究了1973～1974年能源危机后能耗的趋势变化，并讨论了能效对这些总体趋势所产生的影响。

第 3 章

1950～2014 年美国能效和
总体能源强度

本章所展示的汇总数据显示了美国经济的能源强度变化以及能源生产力的变化。能源强度的降低一部分源于第 2 章中提到的能效提升，另一部份源于经济变化的历史趋势，例如，1973～1974 年能源危机之前的变化趋势。

为了估计能源强度的变化在多大程度上源于 1973 年以前的固有趋势，本书特建立一个"有限能效"基准，探究如果没有能源危机，能效在 1973 年之后的提升情况。有限能效基准的设定是基于能源被广泛重视之前（即 1973～1974 年能源危机之前）的实际能效数据。运用有限能效基准，本书研究了三个不同时期的能效：能源危机爆发前、能源危机发生期间以及能源危机发生后。

3.1 能源危机发生之前：1950～1973 年

第二次世界大战后，直到 1973～1974 年能源危机之前，美国很少注意能源使用问题。美国能源信息署的公开数据显示了 1950～1973 年一次能源供应量和消费量的演变（如图 3-1 所示）。能源生产和使用的单位是千万亿 BTUs，

或简称为"千兆一次能源"。❶

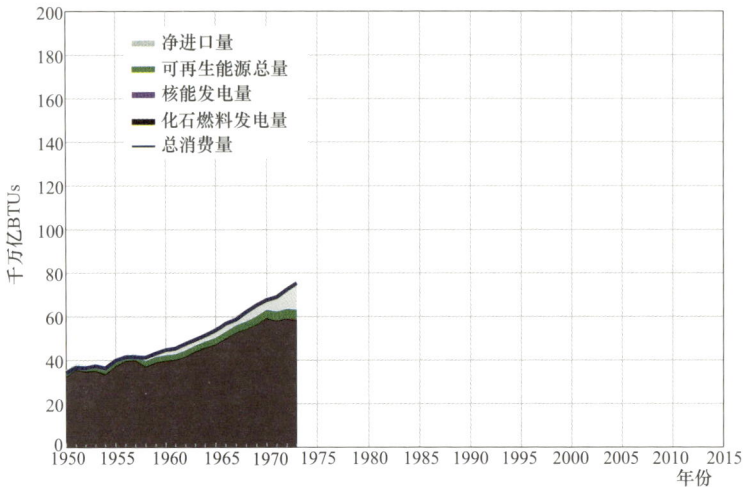

图 3-1　1973 年石油危机之前美国能源的产量和消费量

资料来源：美国能源信息署月度能源评论。

图 3-1 表明，能源消费的增长速度几乎与 GDP 一样快。图 3-2 也表明了这一结果，该图绘制了 1950～1973 年美国单位 GDP 的能源强度变化（GDP 按 2009 年的美元价值换算）。

图 3-1 还表明，美国国内能源生产的主要类型是化石燃料，其次是可再生能源（水力发电和木材），核能很少。图 3-1 显示能源净进口量（灰色区域）迅速增长，其中在 1970～1973 年大致增加了 3 倍。

图 3-2 包括美国经济的实际能源强度（蓝线）。两条❷向下倾斜的红线显示了 23 年期间能源强度的平均降低率。这两条红线的斜率表明年均能源强度平

---

❶　本报告中的数据关于一次能源的消费量或生产量，以千万亿 BTUs（10^{15} BTUs）计量，也被称为"千万亿能源/年"。千万亿 BTUs 是 1.055 艾焦（10^{18} 焦）。过去一年里，每天 45.6 万桶的原油进口量的能量为 1 千万亿 BTUs。

❷　较低的红线与大多数年份的实际能量密度相近。较高的红线把 1950 年和 1973 年的实际能源强度相连接。这两条红线表明年均能源强度平均每年下降 0.55%。

均每年下降 0.55%。

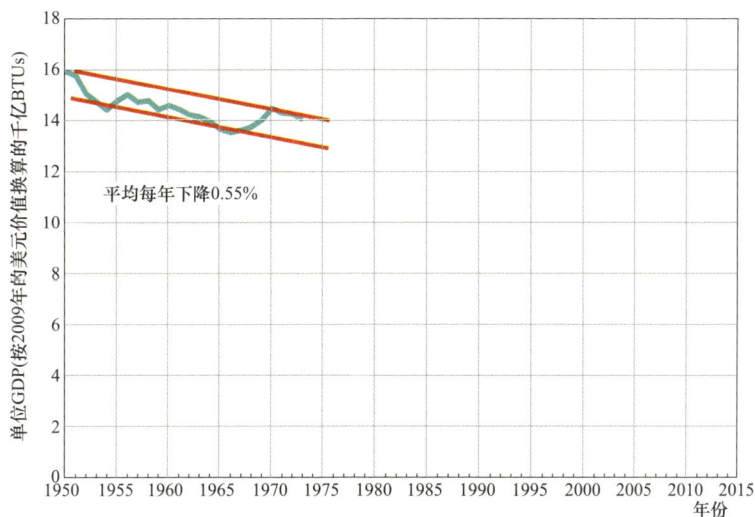

图 3-2 1950～1973 年美国经济的能源强度

我们可以通过 1950～1973 年（那时人们很少关注能源消费和能效）的趋势推测如果没有 1973～1974 年能源危机及其引发的能效提升，美国经济会发生什么。

这种推测方法被称为"有限能效"基准，更准确的说法是"能源危机前能源强度降低的历史趋势"基准法（后文统一简称为"有限能效"基准法）。

如果没有能源危机之后的能效提升，在"有限能效"基准下能源强度每年下降 0.55%❸。也就是说，在"有限能效"基准下 1973 年以后的能源消费年增长率比 GDP 的增长率低 0.55%。

"有限能效"基准如图 3-3 所示，该图表明，如果 1973～2014 年能效提升有限，并与 1950～1973 年的趋势保持一致，能源消费量会继续增长，速率略

---

❸ 请注意：使用有限能效基准而非绝对、没有能效提升的基准会低估能效对能源消费的影响。我们随后对能效影响的估计应该被视为对能效影响的低估。

低于 GDP 增长速度。能源消费量在 2014 年将达到 180 千万亿 BTUs。

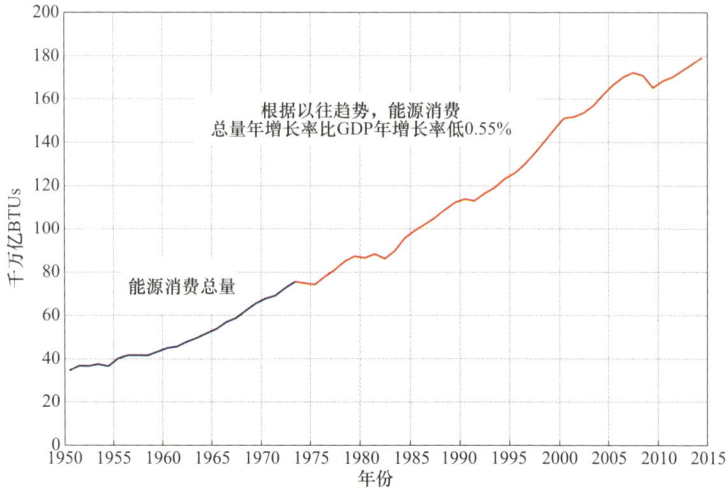

图 3-3 "有限能效"基准下的能源消费

3.2 能源危机：1973～1974 年

1973 年，原本能源充足的世界发生了根本性改变。当年 10 月，埃及和叙利亚对以色列发动了袭击，拉开了短暂的赎罪日战争的序幕。在美国向以色列提供武器后，OPEC 阿拉伯成员对加拿大、日本、荷兰、英国和美国等发起了石油禁运。禁运其实是可以避免的，因为油轮可以采用新航线，并且国际石油贸易模式可以做出改变。然而，由于石油禁运政策，阿拉伯成员国减少了石油的生产量和出口量，导致世界市场出现石油短缺。此后，世界石油价格很快上涨两倍，从每桶 4 美元上涨到每桶接近 12 美元。按照通货膨胀调整后的 2015 年美元价值进行换算，相当于石油价格从 20 美元上涨到 60 美元。图 3-4 显示了世界石油价格的相关数据，即美国进口原油价格。

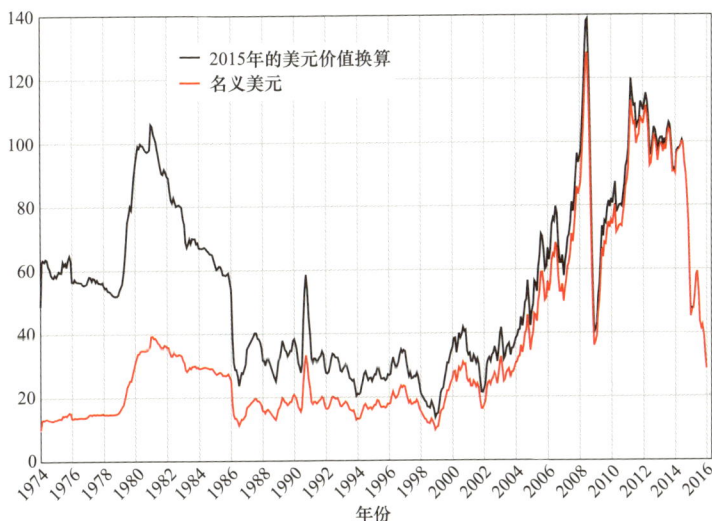

图 3-4　原油名义价格和实际价格（按 2015 年的美元价值换算）

资料来源：美国能源信息署。

　　赎罪日战争只持续了不到一个月，但石油出口量限制持续了很长时间。OPEC 发现自己可以行使市场力量，通过减少世界石油供应量来抬高原油价格。因此，在 1986 年出现暴跌前的近十年中石油价格一直居高不下❹。

　　在美国石油进口量快速增长时期，石油禁运和油价突然上涨给美国带来了严重影响。当时正值高通货膨胀时期，美国实行工资和价格管制，这些管制涵盖石油产品（如汽油）。禁运导致的汽油短缺和全球石油供应减少并没有因为零售价格上涨而消除。加油站周末不营业，因为加油站通常在数小时内就卖完有限的配额。由于汽油限量供应导致供不应求，人们不得以采取了经济效益差的节能措施。

---

❹　OPEC 组织成员就高油价达成一致，而且沙特阿拉伯一直作为生产调节者管理着 OPEC 直到 1986 年。1986 年，世界石油需求量的下降和世界石油生产能力的增长使得沙特阿拉伯的石油销售额大幅下滑，从每天 1000 万桶下降至每天约 350 万桶，并且继续下降。即使是以很高的价格出售这么少的石油，沙特阿拉伯的经济依旧陷入困境。1986 年，沙特阿拉伯不再扮演生产调节者的角色，并开始全力生产石油，使得世界石油价格自动下降。

在能源危机期间的 1973 年底，尼克松总统宣布了"能源独立计划"，目标是到 1985 年美国实现能源自给自足。能源政策（特别是能源安全）已成为美国国家政策的核心。为了支持这一政策目标，尼克松政府在 1973 年成立了几个与能源有关的办公室❺，随后于 1974 年合并成为联邦能源局（Federal Energy Administration，FEA）。该局负责燃料配给、定价管理、能源数据和分析、能源供应扩张和节能规划。依据 1974 年能源重组法案而创建的美国能源研究和发展管理局（Energy Research and Development Administration，ERDA）负责能源研发、核武器和海军反应堆计划❻。

同年（1974 年），国际能源署（International Energy Agenly，IEA）成立，从属于经济合作与发展组织（Organisation for Economic Co-operation and Development，OECD），总部位于巴黎。

这些组织成为能源政策制定、能源研究以及获取能源信息的政府焦点。在危机结束后，这些组织继续关注政策和法规，以提高能源意识。

尼克松总统辞职后，福特政府继续推动能源独立计划。为了实现美国能源自给自足，美国联邦能源局在 1974 年发布的《能源独立计划报告》确定了美国国家能源政策的四大策略选择：

> "基本策略。现有政策继续存在，只考虑有限的少数新行动……
>
> 加速供应策略。联邦政府采取一些关键行动来增加国内能源供应……
>
> 节能策略。用以减少石油需求……
>
> 应急准备策略……"

---

❺ 美国内政部的几个能源部门包括：节能办公室、能源数据和分析办公室、石油分配办公室以及坐落于总统行政办公室的国家能源办公室和联邦能源政策办公室。联邦能源管理办公室是依据 1974 年的联邦能源管理局法案建立的，整合了联邦能源办公室、油气办公室、节能办公室、能源数据和分析办公室和石油分配办公室。

❻ 1977 年，这两个机构成为新成立美国能源部（Department of Energy，DOE）的一部分。

实际上，几乎可以肯定的是，最终确立的能源独立计划采纳了综上所述因素的混合策略❼。

《能源独立计划报告》明确表示，能源政策包括能源市场的需求和国内供应两方面的变化。奥巴马总统所述的"上述所有"能源政策对美国而言并不陌生，与福特政府的结论相似。

《能源独立计划报告》和 20 世纪 70 年代的政策令人期待政府能够采取减少能源净进口量的举措，包括降低经济能源强度（在《能源独立计划报告》中被称为"节能战略"）和增加国内能源产量。

《能源独立计划报告》明确提出了能效提案：

20 世纪 70 年代初的能源消费增长预期

在能源危机爆发前后，典型的预期是能源消费量会按照历史趋势继续增长。《能源独立计划报告》总结了当时主流的能源消费预测，并将其与自己的能源消费预测进行比较❽。表 3-1 中的红色椭圆圈出的部分是为了强调 20 世纪 70 年代初期，人们预期能源消费量会按照历史趋势而继续增长。

表 3-1			能源需求预测比较		单位：千万亿 BTUs
		1972	1985	1972~1985 年百分比变化（%）	1972~1985 年复合年增长率（%）
联邦能源署（进口价 11 美元/桶）		72.1	102.9	43	2.7
联邦能源署（进口价 7 美元/桶）		72.1	109.1	51	3.2
Dupree-West（D-W）		72.1	116.6	62	3.8
福特基金会（EPP）	最高	72.1	115.0	60	3.7
	最低	72.1	93.0	29	2.0

---

❼　资料来源：美国联邦能源局. 能源独立计划报告. 1974.

❽　请参见《能源独立计划报告》表Ⅲ-1，或如本文表 3-1 所示。

续表

		1972	1985	1972~1985 年百分比变化（%）	1972~1985 年复合年增长率（%）
国家石油委员会（NPC）	最高	72.1	144.9	101	5.5
	最低	72.1	124.9	73	4.3

节约能源与增加供应有所不同。前者有无数替代技术，而后者却受到资源供应的限制。FEA 节能战略侧重于利用有限的几个重大节能行动来显示此类计划的影响。❾

图 3-5 中，这些预测在图 3-3 的"有限能效"基准上进行叠加。1985 年的能源消费预测范围从略低于"有限能效"基准到超过该基准 40 千万亿 BTUs。"有限能效"基准预测值与 20 世纪 70 年代初普遍流行的预测值（标准预测，见图 3-5 中的 NPC 预测和其他预测值）一致或略低。

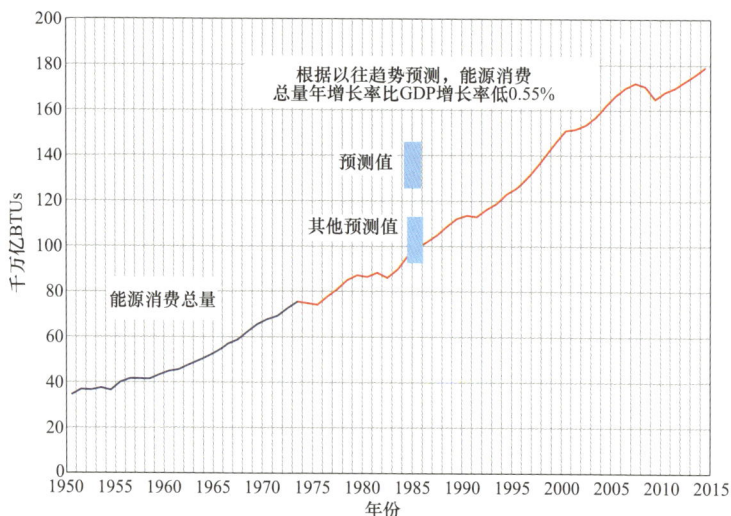

图 3-5　能源预测和能源消费：有限能效基准

---

❾　资料来源：美国联邦能源局．能源独立计划报告．1974.

3.3　1973～1974 年能源危机后的能源消费

能源危机导致一系列能源价格上涨，包括石油、天然气、石油替代品以及石油和其他一次能源的制成品（例如电力和汽油）。它促使政府保持监管力度，旨在增加国内能源供应，降低经济的能源强度。能源危机使大众开始关注能源问题，其中包括商业人士。此后，能源进口和能源安全问题一直备受关注，直到 1986 年世界石油价格暴跌（详见图 3-4）后才开始下降。

科学家们开始发出警告，化石燃料的燃烧会向大气中排放二氧化碳，而二氧化碳和其他温室气体浓度的提升会大幅提高地球温度，全球气候变化问题引起人们的重视。1979 年，美国国家科学院的报告《二氧化碳和气候：科学评估》警示："若大气中的二氧化碳浓度翻倍，全球地表温度将会上升 2～3.5℃"。1990 年，政府间气候变化专门委员会（Intergovernmental Panel on Climate Charge，IPCC）的第一次评估报告引起人们对全球气候变化危机的关注。1992 年，联合国环境与发展会议（俗称"地球峰会"）在里约热内卢举行[10]，期间签署了《联合国气候变化框架公约》，目的是"将大气中的温室气体浓度稳定在一定水平，以防止人为干扰对气候系统造成危害"[11]。2015 年 12 月，第 21 届联合国气候变化大会（也被称为 2015 年巴黎气候会议）达成了一致的国际协议，发达国家和发展中国家都同意限制温室气体的排放量，避免全球平均气温上升超过 2℃[12]。

随着人们对温室气体排放的关注度越来越高，环境保护意识开始推动能效提升以减少能源消费带来的环境影响，尽管对能源进口和能源安全的关注度大

---

[10]　资料来源：http://www.un.org/geninfo/bp/enviro.html。

[11]　资料来源：http://unfccc.int/essential_background/convention/items/6036.php。

[12]　大部分努力将涉及能源系统，尽管有一些努力旨在避免滥伐森林。

不如从前，但减少二氧化碳排放量已成为一个关键的公共政策问题，并且能够预测的是，在今后亦或是遥远的未来仍将如此。

从 1973～1974 年能源危机开始直到现在，各种因素综合作用开启了能效提升的缓慢累积过程。

企业的创新模式发生了变化[13]：企业开始设计相关设备以节约能源；推行能源管理信息化；为建筑物和企业开发能源管理系统；鼓励员工找到节约能源的途径；采用精益生产理念（包括减少能耗）。由此可见，减少能耗和降低能源成本成为产品和工艺创新的重要因素。

在能源危机爆发之前，企业专注于产品的创新以及生产、分销流程的创新，但是这种创新很少用于降低能耗。创新虽然可能会减少能耗，但能源只是创新项目的投资类别之一，因此受到的关注度较低。危机爆发后，人们认识到能源成本的重要性，开始通过激励能耗降低的方式来引导创新方向。因此，许多组织创建和实施了以前未曾设想过的节能技术和做法。

美国联邦和各州也有重大的政策创新。如上所述，制定了面向轿车和轻型卡车的联邦 CAFE 标准；制定并实施了联邦设备能效标准。美国的一些州制定了强制性的规范和标准。加利福尼亚州在 20 世纪 80 年代初提出了"解耦"的概念——即使公用事业部门因节能计划致使产品（电力和/或天然气）销量减少，营业收入仍然保持不变。许多相关政策措施会在第 6 章中进行讨论。

由于这些个体自发努力和政府政策变化，资本投资模式发生变化。与能源危机前的几十年相比，降低能耗的资本投资得到了利润回报，特别是在能源密集型

---

[13] 欲了解 1973 年之前能源研发的相关有用概述，请参见最近重新发布（2015 年 6 月发布，改版自 1974 年的一本书）约翰 E. 蒂尔顿所著的《美国能源研发政策：经济学的作用》（麦迪逊：威斯康星大学）。欲了解目前能源研发结构的概述，请参见美国能源创新理事会成员 J. 罗斯曼和 M. 萨维兹于 2013 年发布的报告——《揭秘私营部门能源研发：17 位领导访谈录集合》，网址：http://americanenergyinnovation.org/wp-content/uploads/2013/01/Unleashing-Private-RD-Jan2013.pdf。

企业中。在美国的一些地区，公用事业公司通过与其他公司合作，帮助他们节约能源成本，并通过提供财政奖励的方式来降低初期投资。即使在 20 世纪 80 年代中期油价下跌之后，考虑到政府很可能会发布二氧化碳法规或征收碳排放税，公司减少化石燃料的使用（可减少二氧化碳排放）具有风险管理收益。

一些公司改变了管理实践，使用系统来监测能源消费，并雇用人员负责降低能耗，这种方式既符合新法规，又有收益。规模较大的公司开始雇佣能源经理来负责寻找降低能耗的方法。其他行为技术成为管理的一部分。前文已经列出了其中的一些变化。

最终结果：能源危机后，能源消费增长率远低于"有限能效"基准，如图 3-6 所示。图 3-6 显示了 1950~2014 年美国实际能源消费，且在 1973 年处做了铅垂线。

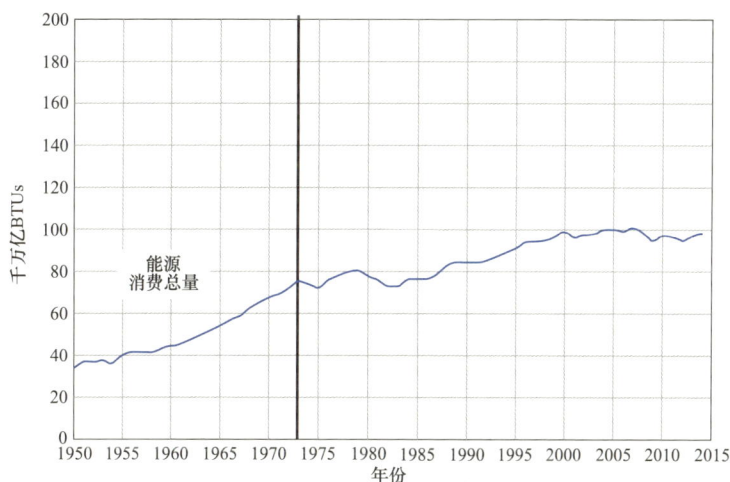

图 3-6 美国的实际能源消费：1950~2014 年

资料来源：美国能源信息署月度能源评论。

图 3-7 整合了图 3-1 和图 3-6 中的数据，把"有限能效"基准与实际能源消费增长进行比较。图 3-7 清楚地表明，1973 年以后能源消费的增长幅度远低于

"有限能效"基准，图中绿色箭头是实际能耗与"有限能效"基准之间的差值，反映了能效提升对美国能源消费的影响。

如图 3-7 所示，如果没有能源危机后的能效提升，2014 年的能耗原本会高达 180 千万亿 BTUs，而非实际的 100 千万亿 BTUs。自 1973 年能源危机以来，持续累积的能效提升使得能源消费量减少了 80 千万亿 BTUs。从结果来看，能效在塑造美国能源体系方面发挥了重大作用。

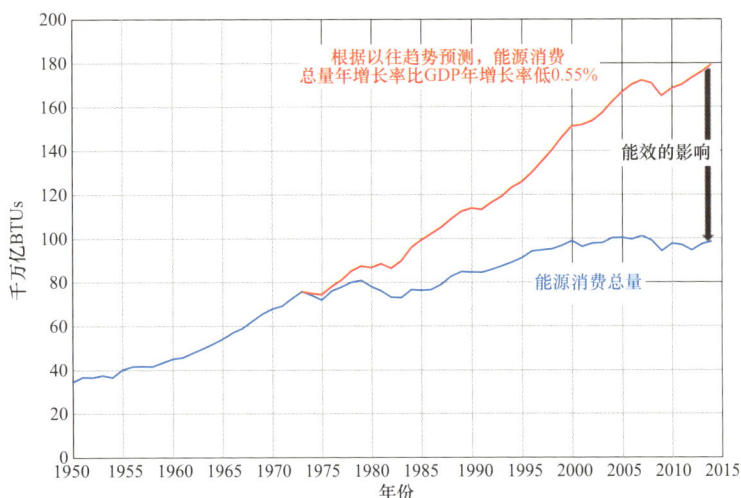

图 3-7　能源消费：实际与"有限能效"基准

图 3-6 和图 3-7 还显示出 2014 年美国能源消费量与 2000 年相同，尽管美国经济在这几年中增长了 28%，其中 2008 年和 2009 年的经济衰退导致能源消费总量有所下降，但随着 2010～2014 年经济逐渐复苏，能源消费总量依然相对稳定。

实际能耗数据和"有限能效"基准的数据都取决于不断变化的 GDP 增长率。但是，还有另一种方式来检验变化的趋势，该方式排除了经济规模的变化对能耗的影响。可以将这些年美国经济的能源强度绘制出来，即能源消耗与 GDP 的比率变化曲线，如图 3-8 所示。

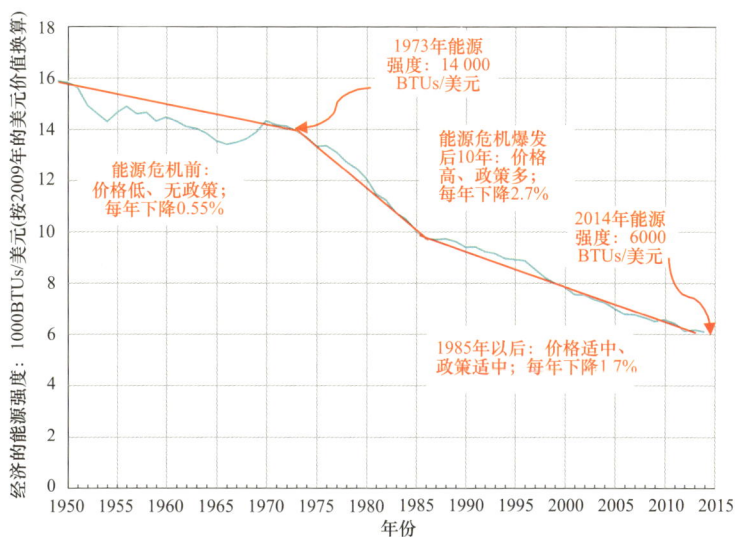

图 3-8　美国经济能源强度降低

数据来源：美国能源信息署月度能源评论。

图 3-8 中的蓝线显示了美国经济的实际能源强度，而三条红线显示了不同时期的能源强度变化趋势。

第一阶段，能源危机之前：能源价格偏低，能源政策措施较少，能源关注度较低甚至缺失。如前所述，在此期间能源强度平均每年下降 0.55%。

第二阶段，即 1973～1985 年石油价格暴跌前：能源价格上涨，能源政策提案较多，能源关注度较高。在此期间，能源强度平均每年下降 2.7%。

第三阶段，即石油价格暴跌后：能源政策项目有所减少，能源价格高于能源危机之前的水平，但低于第二阶段水平；能源关注度虽然有所下降但仍然非常高。在此期间，能源强度平均每年下降 1.7%。

2.7% 或 1.7% 的年变化率似乎很小，但这些能源强度的变化在 40 年间不断累积。最终的结果是，美国经济能源强度从 1973 年的 14 000BTUs 降至2014年的 6000BTUs（均按 2009 年的美元价值换算），下降了 57%。

3.4 能源危机后美国国内能源生产

如上所述，1974 年《能源独立计划报告》明确把提升能效和加快国内能源生产供应作为关键战略目标，指出任何能源独立计划都会包括这两个战略目标。奥巴马总统在 2013 年国情咨文演讲中描述了深入推进能源进程的 "上述所有" 方法。与该演讲相关的《白宫情况说明书》表示："风能、太阳能和地热能源等可再生能源的发电量翻了一番，二氧化碳排放量已经降至近二十年来的最低水平。总之，总统的做法正在发挥作用。" 奥巴马的讲话主要关注美国国内能源产量的增加，其次是能源使用效率。

但至今为止，作者始终将美国能源形势的重大变化归功于能源消费以及能源市场的需求侧。如图 3-8 所示，能源市场的需求侧（特别是能效的变化）从根本上塑造了美国能源体系。国内能源产量增加了多少？这一答案在图 3-9 中，其显示了 1950～2014 年美国国内一次能源产量。

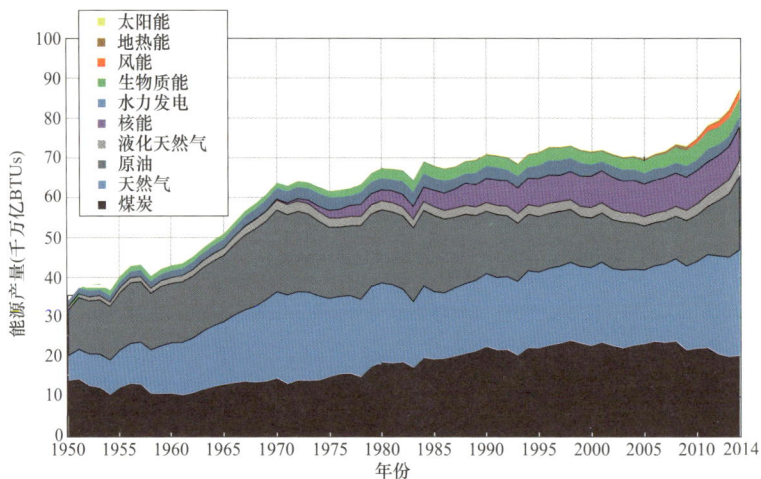

图 3-9　1950～2014 年美国国内一次能源产量

能源危机发生后的很长一段时间国内煤炭产量确实有所增加，直到近几年天然气价格下降且供应量的增加导致大量天然气被用来替代煤炭发电，最终使得煤炭产量、天然气产量在 1973 年能源危机后持续降低，但随着水力压裂技术的发展，自 2005 年开始天然气产量大幅增加。最初，原油产量也在下降，但自 2005 年开始回升。核能在 1973 年的能源结构中还显得微不足道，然而发展至今已经不可忽视，虽然其现阶段正在逐渐减少。在此期间，水力发电仍然相对稳定，生物质能（主要是乙醇）在立法激励下也有所增加。

总体来看，美国国内一次能源产量从 1973 年的 62 千万亿 BTUs 增加到 2014 年的大约 86 千万亿 BTUs，增长了 24 千万亿 BTUs。

虽然国内能源产量总体增加，但奥巴马总统称赞的可再生能源（风能、太阳能和地热能）的国内产量仍然只占一次能源的一小部分❶。图 3-9 显示，可再生能源供应量的增长微乎其微。图 3-10 缩小了纵坐标范围，仅显示可再生能源供应量的增长（图 3-9 的纵坐标范围为 0～100 千万亿 BTUs；图 3-10 的范围为 0～10 千万亿 BTUs，仅为前者的十分之一）。

图 3-10 显示，大约一半的可再生能源供应由水力发电和木材提供。在 2001 年之前，生物质能、风能、地热能和太阳能/光伏能源产量几乎为零。在过去 13 年里，这些能源供应量开始增长。生物质能（主要是乙醇）和风能现在分别提供大约 2 千万亿 BTUs 的一次能源；地热和太阳能/光伏能源现在合计提供大约 500 万亿 BTUs 的一次能源。

虽然这些增长率在百分比方面很高，但是与核电和化石燃料相比，水力发电和木材以外的可再生能源在能源结构中的占比总和很小。

---

❶　不可燃再生能源（水电、地热、太阳能、光伏和风能）发电量的热转换因子参照了化石燃料的热耗率，用于估计所替代的化石燃料的数量。请参阅：http://www.eia.gov/totalenergy/data/monthly/pdf/ sec13_6. pdf。

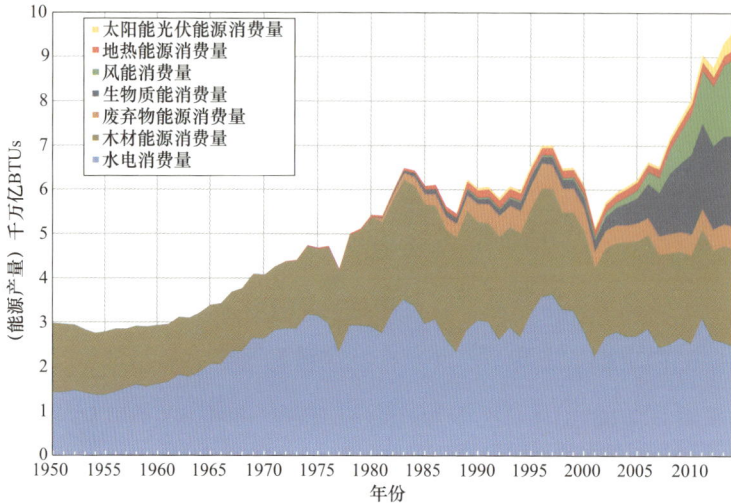

图 3-10　1950～2014 年美国可再生能源产量

3.5　美国能源供应和需求

自 1973 年以来，能效提升带来的能源消费量降低幅度远远大于美国国内所有一次能源产量增加的幅度。图 3-11 为 1959～2014 年美国能源消费量、国内供应量和一次能源的净进口量，该图分别汇总了化石燃料生产总量和可再生能源生产总量，并把核能产量单列出来。在图 3-11 中，美国能源净进口量（灰色区域）是美国能源消费总量（蓝线）与美国国内能源供应量（黑色、紫色和绿色区域）的差值。

能源强度急剧下降，美国国内能源产量小幅增长，特别是低碳能源供应量的小幅增长，从根本上改善了能源安全，并抑制二氧化碳排放量持续上升。下一章会具体讨论这些影响。

虽然图 3-11 表明可再生能源比重较小，但这些数据仅基于现有情况。许多可再生能源现在正变得经济有效，即使没有目前的补贴，这些可再生能源产量的增速也将比以往快得多。作者坚信，对于可再生能源来说，不能仅以历史数据预测未来的发展趋势。风能、太阳能和地热能等能源的大量供应将是大势所趋——虽然美国目前还没有涌现这一趋势。

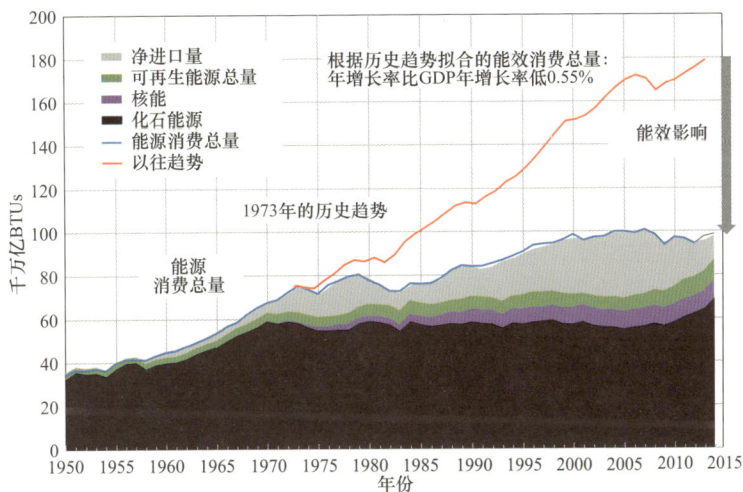

图 3-11　美国能源消费量、国内供应量以及进口量

第 **4** 章

提升能效的意义——环境与安全

从第 1 章可以得知，制定能源政策通常需要考虑该政策对经济增长、国内外环境及安全的影响，即"能源政策三角"。本章将分别定量分析能效、能源供应对全球气候变化和美国能源净进口量的影响。

本章将证明，在降低美国经济的碳排放强度以及碳排放总量方面，（能效提升带动的）能源强度下降发挥的作用比能源系统供给能力提升所发挥的作用更大，这里包含了能源供给侧的所有能源产量变化。也就是说，提升能效比提升核能、风能、太阳能、生物质能和地热能的产量更为重要。

由上一章得知，2015 年美国国内能源产量比 1973 年增加了 24 千万亿 BTUs，而能效提升使得 2015 年能源消费总量降低了 80 千万亿 BTUs，降低幅度超过了新增能源产量的三倍。本章将把这些影响与能源净进口量联系起来，拟证明能效对国家安全的重要性高于能源市场供给侧的所有改变之和。

4.1 美国经济去碳化

可以用 Kaya 公式来分析能效提升或能耗下降对碳排放量的影响。在 Kaya 公式中，单位 GDP 的碳排放量等于单位能耗的碳排放量和单位 GDP 的能源消

耗量❶的乘积，公式为

$$CO_2/GDP＝CO_2/能耗×能耗/GDP$$

我们称等式左侧的比值为经济的碳排放强度。等式右侧第一项对应美国国内能源市场的供给侧，单位能耗所排放的二氧化碳量（将其他温室气体折合为二氧化碳）被称作能源的碳排放强度。举个例子，假设采用低碳或无碳燃料代替化石燃料使能源的碳排放强度降低 11％，如果其他因素不变，根据 Kaya 公式可以推导得出经济的 GDP 碳排放强度会下降 11％。

等式右侧第二项对应美国能源市场的需求侧，单位 GDP 的能源消费量被称作经济的能源强度。假定经济能源强度❷下降 50％且其他因素不变，根据该等式可以得知经济的碳排放强度会下降 50％。如果 GDP 不变，碳排放总量则会减少 50％。

将经济的碳排放强度分解为经济的能源强度和能源消费的碳排放强度两个部分，这有助于区分能源需求侧的能效提升和供给侧的能源供应技术变化的历史影响。此外，该公式还有助于分析当下正在提议或协商的各项温室气体减排❸政策的重要差异。

提高能效可以降低经济的能源强度，提供低碳或无碳能源可以降低能源系统碳排放强度，无论哪种情况都可以降低经济的碳排放强度。

美国能源信息署提供了经济的碳排放强度、经济的能源强度和能源消费的碳

---

❶ 等式指的是无论变量取何值，该等式永远成立。Kaya 碳排放公式以 Kaya 命名。参见 Kaya，Keiichi Yokoburi. 环境、能源与经济：可持续发展战略. 东京［u. a.］：联合国大学出版社，1997. ISBN 9280809113.

❷ 也就是说"经济的能源生产力翻一番"。奥巴马总统在 2013 年国情咨文中设定了一个目标，即：2030 年能源生产力在 2010 年水平上翻一番。

❸ 例如，在巴黎协定谈判中，所有国家都没有提议大幅削减国内生产总值以减少二氧化碳排放量；几乎所有的提案都是旨在降低其单位 GDP 碳排放强度。

排放强度的数据❹。如图 4-1 所示，能源消费的碳排放强度的计算方法见附录 B。

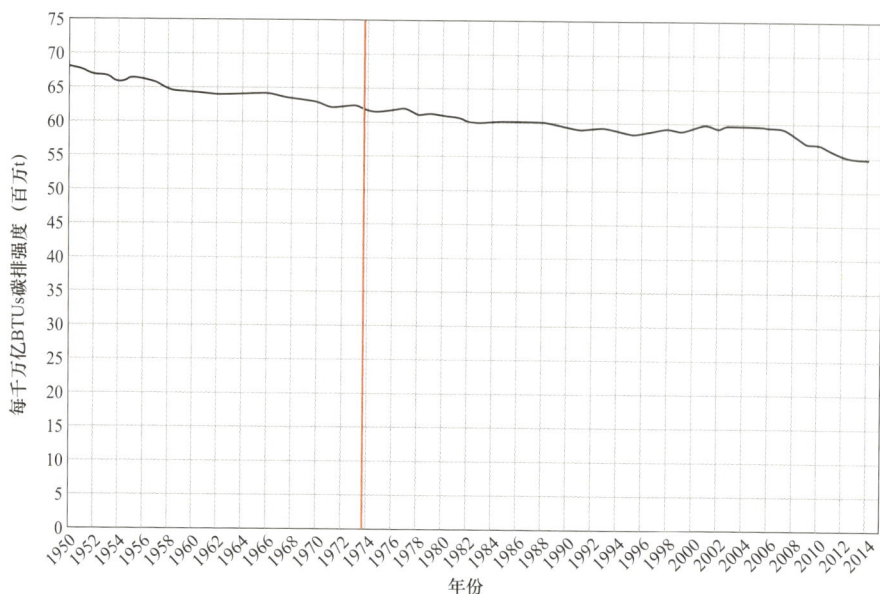

图 4-1　美国能源的碳排放强度

　　能源的碳排放强度数据基于能源消费，尽管对于可再生能源和核能来说，国内产量和消费量相同❺，但能源的碳排放强度❻已经从 1973 年的 63MMT/Q 下降到 2014 年的 55MMT/Q（译者注：MMT/Q 为能源的碳排放强度单位，英文为 Million Metric Tons per Quadrillion BTUs）。由于 1950～1982 年煤炭

---

❹　数据来源：美国能源信息署《每月能源评论》，表 12.1 "能源消费带来的碳排放量"。该表包括 1973 年之后的数据。通过假设三大能源（天然气、煤炭和石油）的碳排放强度在 1973 年前后保持不变，计算出了 1973 年之前的数据。相关计算方法参见附录 B。

❺　包括进口能源燃烧产生的碳排放，不包括美国国内生产但出口其他国家的能源燃烧产生的碳排放。

❻　能源消费的碳排放强度从 62.60MMT/Q 减少到 54.9MMT/Q 的主要原因包括降低强度的因素和提升强度的因素。降低强度的因素包括：核电市场份额增长（占总变化的 59%）、生物质市场份额增长（占总变化的 23%）、石油市场份额下降（占总变化的 20%）、风电市场份额增长（占总变化的 14%）、太阳能/光伏市场份额增长（占总变化的 4%）、地热市场份额增长（占总变化的 2%）。增加强度的因素包括：水电市场份额下降（占总变化的 10%）、煤炭市场份额增长（占总变化的 10%）和天然气市场份额下降（占总变化的 2%）。

市场份额不断缩小，因而这期间的能源的碳排放强度比其他时段下降更快；而 1982～2006 年则停滞不前；在那之后的 8 年中，能源的碳排放强度进一步下降了 4.4MMT/Q，这主要是因为天然气逐步取代煤炭，其次是因为生物质能和风能的市场份额有所增长。

结合图 3-8（美国经济的能源强度降低）的数据，图 4-1 显示了自 1973 年以来，两个因素在降低碳排放强度方面的作用。为了方便解释，可以对 Kaya 公式进行归一化处理，即用实际数值与 1973 年数值的比值表示。经过归一化处理后，某一年的经济碳排放强度与 1973 年经济碳排放强度的比值等于以下两个因子的乘积：①当年的能源碳排放强度与 1973 年的比值；②当年的经济能源强度与 1973 年的比值[7]（参见图 4-2）。

图 4-2 中绘制了四条趋势线。其中红线代表美国经济的碳排放强度，可以看出碳排放强度下降了 61%；2014 年美国经济的碳排放强度仅为 1973 年的 39%。

蓝色实线和黑色实线表示去碳化的两个贡献因素。蓝色实线代表美国经济的能源强度，其在过去四十年间下降了 55%；2014 年美国经济的能源强度仅为 1973 年水平的 45%。黑线代表能源的碳排放强度，下降了 11%；2014 年美国能源的碳排放强度为 1973 年的 89%。

如 Kaya 碳排放公式所示[8]，上述两个因素相互叠加，共同推动经济的碳排放强度下降，最终使得 2014 年美国经济的碳排放强度降至 1973 年的 40% 以下。

---

[7] 我们可以写出以下两个数学方程式，其中下标"y"表示年份，下标"73"表示 1973 年的数值：（碳排放量/国内生产总值）$_y$＝（碳排放量/能源消费量）$_y$×（能源消费量/国内生产总值）$_y$，（碳排放量/国内生产总值）$_{73}$＝（碳排放量/能源消费量）$_{73}$×（能源消费量/国内生产总值）$_{73}$
把第一个方程的左侧和右侧分别除以第二个方程的左侧和右侧，得出以下表达式：（碳排放量/国内生产总值）$_y$/（碳排放量/国内生产总值）$_{73}$－（碳排放量/能源消费量）$_y$/（碳排放量/能源消费量）$_{73}$×（能源消费量/国内生产总值）$_y$/（能源消费量/国内生产总值）$_{73}$
某一年的数值等于该年的数值与 1973 年数值的比率，因此 y＝1973 时，该数值为 1.0。

[8] 40%＝89%×45%。

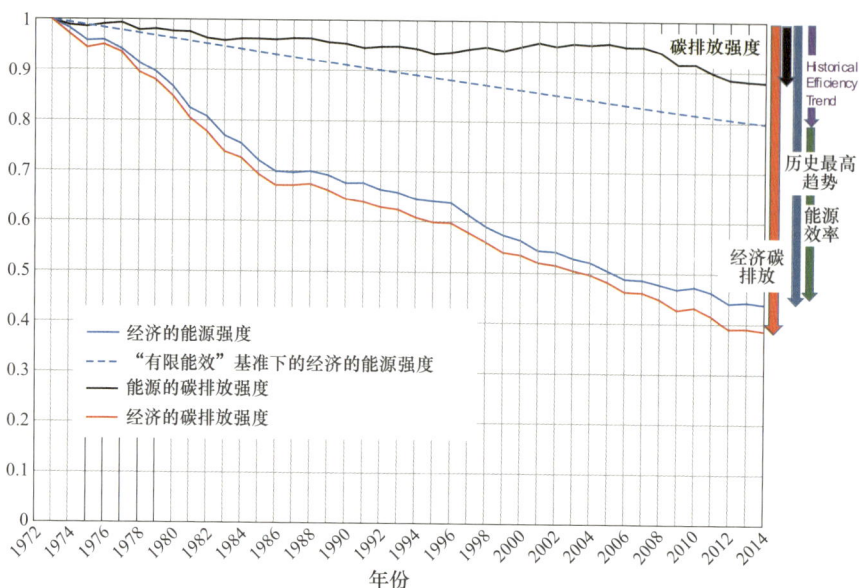

图 4-2　美国经济碳排放强度降低的贡献因素

图 4-2 中的蓝色虚线是根据 1973 年以前的能源强度走势外推得到的，根据前文的定义，我们称之为有限能效基准下的能源强度变化趋势。蓝色虚线与蓝色实线的差值表明能效提升对美国经济能源强度的影响。紫色箭头和绿色箭头对应于 1973～2014 年能源强度减少量的两个贡献因素。紫色箭头对应历史趋势下（即有限能效基准下）的能源强度降低幅度，绿色箭头对应能效提升带来的额外降低幅度。

图 4-2 的数据可以更简单地绘制为一个累积区域图，如图 4-3 所示，把经济的碳排放强度的百分比分为三个组成部分：根据 1973 年以前能源强度走势外推得到的能源强度下降（蓝色区域）、1973 年以来能效提升带来的额外能源强度下降（绿色区域）以及能源的碳排放强度降低所产生的影响（灰色区域）。将 1973 年水平视为基准线，因此 1973 年经济的碳排放强度记为 1.0。图 4-3 显示了美国从 1973～2013 年的相关数据。

如果排除能源消费去碳化（等同于能源的碳排放强度降低）对经济的碳排

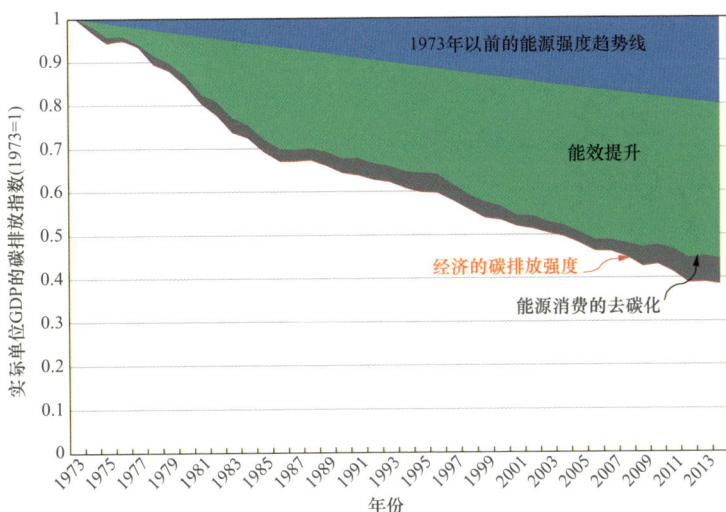

图 4-3　1973～2013 年美国经济碳排放强度降低的贡献因素

放的影响，可知图 4-3 中的蓝色区域加上绿色区域代表了能源强度下降对降低经济的碳排放强度的贡献比例。类似地，如果排除能源强度的实际变化，可知图 4-3 中的灰色区域代表了能源结构低碳化作用对降低经济的碳排放强度的贡献比例。红色实线来自图 4-2，对应于美国经济碳排放强度随时间变化的趋势。

自 1973 年以来，在降低美国经济碳排放强度方面，降低经济能源强度（图 4-3 中绿色区域加上蓝色区域）所发挥的作用大约是降低能源消费的碳排放强度的 9 倍；而能效提升（图 4-3 中绿色区域）是降低经济能源强度的主要贡献因素，它对降低经济碳排放强度的贡献是降低能源的碳排放强度的 6 倍❾。

这些数据表明，在降低美国经济碳排放强度和碳排放量方面，经济的能源强度下降比能源的碳排放强度下降（例如供给侧技术升级）成效更显著，而经济的能源强度的下降主要由能效提升所驱动。也就是说，在过去 40 年里，与改进能

❾ 能源强度降低的贡献因素（精确划分）是基于以下判断：如果能效没有提升，历史趋势将持续。因此，能效提升贡献的能源强度降低量只是估算值。但能源强度的变化是依据美国能源信息署收集和出版的客观数据为基础进行判定的。

源生产方法相比，降低经济体系的能耗对减少碳排放量具有更大的影响。由此可见减少用能需求对于实现可持续发展和降低碳排放量具有重要意义❿。

4.2 美国能源净进口量

在制定美国能源政策时，需要考虑一个特别重要的安全问题，那就是能源进口量，或者更准确地说是能源净进口量。美国所使用的能源要么由本国生产，要么从其他国家进口。能源净进口量等于美国能源消费量减去美国能源产量，能源消费的减少或能源产量的增加对减少能源净进口量和促进国家安全发挥着同样的影响⓫。

前文中提到，《能源独立计划报告》预计能源市场的供需变化对于维持能源进口量在可接受的水平上具有重要的作用。

本书的前几章介绍了美国能源产量和能源消费量的数据。从这些数据得出的共同结论是，对于减少美国能源净进口量而言，国内能源市场的需求侧变化比供给侧变化更为重要。

图 4-4 显示了能源净进口量的实际值（淡灰色区域）和模拟值，模拟值是假设能源危机前的有限能效趋势持续到 2014 年，考虑到国内实际能源产量而测算的净进口量（浅灰色区域加上深灰色区域）。在这种情况下，2014 年的能源净进口量将达到约 90 千万亿 BTUs，这是一个完全不可能维系的进口量。如蓝色箭头所示，有限能效基准下的能源净进口量与实际能源净进口量的差额约为 80 千万亿 BTUs。

---

❿ 虽然美国经济去碳化已经达到 61%，但还需努力。与世界上其他地区一样，美国遵守巴黎协定，将全球气候变暖控制在 2℃以内。

⓫ 该分析不考虑能源进口的具体组成或主要能源种类在消费中的可替代程度。主要进口的能源种类是原油或成品油。石油实际消费量的增加会直接导致石油进口量增长。然而，其他一次能源（例如天然气）实际使用量的增加只能间接导致石油进口量增长，这取决于替代原油的一次能源是什么。然而该分析并不量化这些替代作用。

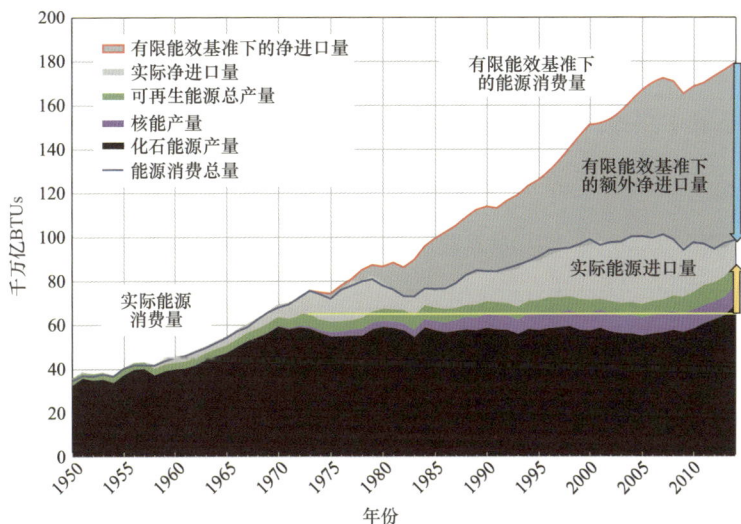

图 4-4 美国能源净进口量：实际能效对比有限能效

图 4-4 证明，2014 年的化石燃料产量比 1973 年增加约 10 千万亿 BTUs，核能产量增加约 8 千万亿 BTUs，可再生能源产量（包括木材和水力发电）增加约 5 千万亿 BTUs。总而言之，国内能源产量的增长降低了能源对外依存度，能源净进口量由此减少了约 24 千万亿 BTUs（如黄色箭头所示）。

综上所述，能效提升使每年的能源消费量减少 80 千万亿 BTUs，是美国国内能源总产量增幅的 3 倍有余。

虽然图 4-4 显示了有限能效基准下的能源进口量，但实际上美国不可能大量进口能源，世界能源市场也不可能持续增长。因为这将使国际贸易中的能源价格（特别是石油）大幅上涨，进而极大程度地限制净进口量⓬。

此外，美国也不会容忍能源对外依存度如此之高，因为在政治层面上这是不

⓬ 如果 100 千万亿 BTUs 的净进口量都是石油的话，进口量将达到每天 4600 万桶。2014 年除美国以外的世界石油总产量为每天 7900 万桶，产量大于进口量。但世界石油市场不会允许美国进口超过一半的世界石油产量。因此，这一数量的石油进口量实际是不可能的或几乎是不可能的。需要进行其他调整，包括进口天然气和煤炭。这会带来其他经济和环境问题，也会面临限制。

能接受的。当能源对外依存度较高时，美国很容易受到进口中断的影响，还会在国际谈判（特别是与石油出口国包括中东国家进行谈判）中受到牵制。石油价格的大幅上涨和中东地区的石油出口可能会使更多的钱落入恐怖分子手中。

大量进口会带来严重的经济影响和安全影响，进而促使美国发生诸多变化，包括大幅增加所有一次能源的产量（特别是煤炭和核能）和发电机的装机量，并制订多项节能计划。

为了应对能源净进口量大幅上涨这一情况，制定相互结合的能源政策与经济调整方案需要考虑诸多因素，包括各种一次能源在经济上能够相互替代的程度。结合的方式将会依据重大政治决定，会涉及平衡能源政策的三大目标——促进经济稳健增长、保护国内和国际环境、加强国内和国际安全。根据历史经验，我们难以推断政府实际会采取的政策结合方式，但清楚的一点是，美国不会接受大量进口能源而对国家安全造成影响。

即使通过可能的政策和经济调整，在未提升能效的前提下，能源净进口量也会大幅增加。相关的量化预测需要更全面地分析供给响应、美国消费的一次能源组合以及能源需求替代方案。而完整的分析完全是猜测性的，超出了本书讨论范围。然而根据一些观察分析，可以预测石油、煤炭和天然气的净进口量可能会大幅增加。

首先，能效提升大部分来自交通运输领域，而交通运输几乎完全依赖于石油。由于电动汽车才刚刚上市，石油在轿车、卡车、公共汽车和飞机方面的应用被替代的可能性较小。因此，石油进口量最有可能大幅增加。

其次，美国只能从墨西哥和加拿大进口有限的电力。因此，电力需求的大幅增长将导致美国发电量大幅增加。发电量大幅增长需要新建大量的发电站（最有可能是燃煤火力发电站和核发电站，也可能是天然气发电站）以及输电线路。更多的水将用于发电站的冷却塔；更多的颗粒物也会从煤炭发电站排放到大气中。同时美国不得不燃烧更多的煤炭和天然气满足发电需求。此时美国需要大量进口液化天然气，而不是像现在一样大量出口天然气。届时天然气将会变得非常昂贵，化工企业将会离开美国而不是迁回美国，美国将会开采或进口更多的煤炭，增开更多运输煤炭的列车。

由此可见，石油、天然气和煤炭进口量的变化会导致国家重大安全隐患，对国内和国际环境造成更大的损害。但幸运的是，这些危险的影响从来没有出现过，一定程度的能源产量增长和能效提升避免了这些问题的出现。现在我们可以回头来说，"好险！我们躲过了一颗子弹，或者有可能是一枚巡航导弹"。

第 5 章

能源消费的领域分类

在本章中，我们将关注重点从经济整体变化趋势转向主要能源消耗领域的变化趋势。调查表明，本书之前讨论的能效提升并不仅仅关注经济中的某一领域，而是综合考虑了所有主要的能源消耗领域。可以说，能效提升无处不在。

5.1 工业、交通、居民和商业领域

图 5-1 采用美国能源信息署的数据，把能源消费划分到四个主要领域：工业、交通、居民和商业。图 5-1 中垂直线标志着 1973 年能源危机的开始。

对于其中每一个领域来说，能源消费的增长趋势在能源危机爆发之后迅速发生变化，存在非常显著的拐点。图 5-1 同时也表明 1973 年以后工业领域发生了最大、最显著的变化。

图 5-2 在图 5-1 的基础上增加了四个领域的能源消费趋势线。图 5-2 中四条虚线是根据各领域的能源消费量在能源危机前的增长趋势外推得到的趋势线（代表了有限能效的预测曲线）。通过比较各领域能源消费的有限能效预测曲线和实际能源消费曲线，可以清楚地看到 1973 年以后能源消费的实际能源消费

曲线开始偏离预测曲线，但不同领域之间偏离时间点和偏离程度有所不同：

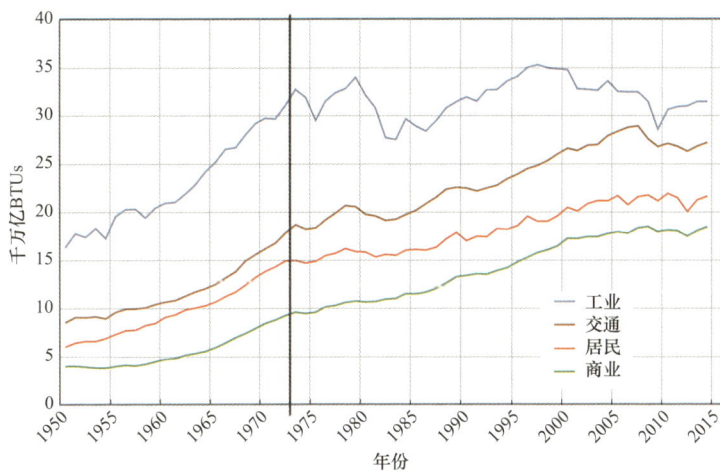

图 5-1　美国主要消费领域的能源消费

资料来源：美国能源信息署月度能源评论。

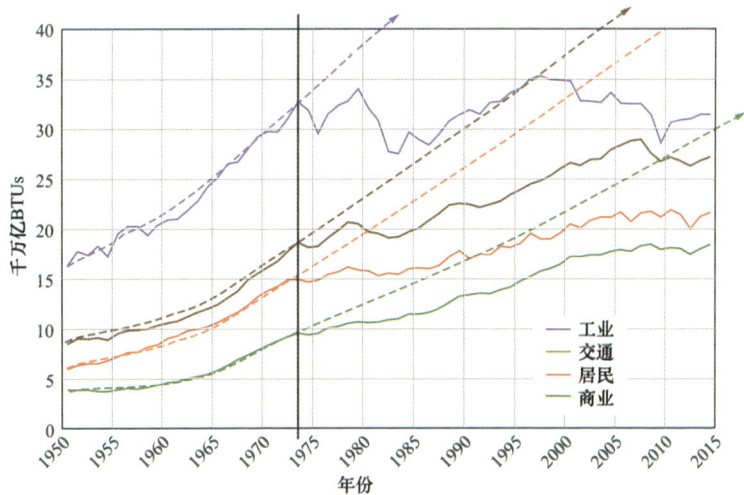

图 5-2　美国消费领域的能源消费：实际能源消费曲线与有限能效基准下的预测曲线

资料来源：美国能源信息署月度能源评论。

（1）工业和居民领域在 1973 年之后立即开始剧烈偏离。

（2）商业领域在 1973 年之后立即开始大幅偏离。

（3）交通领域直到 1980 年才开始较大幅度地偏离。

对于以上四个领域来说，能源价格上涨、未来能源价格变化预期、能源危机意识和鼓励（或直接导致）效率提升的新政策都在发挥直接影响。这些影响随着时间的推移而增大，导致偏离也越来越大。随着时间推移，更节能的新技术和实践导致了更大的差异。

在交通运输领域，对车辆行驶里程或乘客旅行里程的即时影响相对较小。但正如第 2 章所讨论的，针对汽车燃油效率的 CAFE 标准直到 1978 年才在轿车领域生效，直到 1979 年才在轻型卡车领域生效，而这只用来约束新购买的汽车。CAFE 标准生效之后，有限能效预测基准下的能源消费预测曲线与实际能源消费曲线之间的偏离迅速加大。

工业领域更加复杂，其偏离比其他领域都更加明显。对于这一领域，除了技术和实践的变化外，美国工业结构也发生了重大转变。图 5-2 中一些工业领域的偏离源自产业结构转型，这与国际贸易格局变化相关。这些变化在能源危机之后一直在持续，并且在 2002 年中国成为世界重工业制造中心后开始进一步加快。产业结构调整是工业能源强度下降的重要原因之一，我们很快就会探讨这个问题。

然而，对于其他三个领域（交通、居民和商业）来说，国际贸易问题对能源消费模式几乎没有影响，因为这些活动一般不会外包到其他国家❶。鉴于国际贸易对工业领域影响较大但对其他三个领域影响不大，有必要重新绘制图3-8（美国经济能源强度的降低），把工业领域的单位 GDP 能耗和其他三个领域的

---

❶ 一些商业活动现在开始外包给其他国家，但这种现象是直到最近才大量出现的。

单位 GDP 能耗拆分开❷。相关数据如图 5-3 所示。

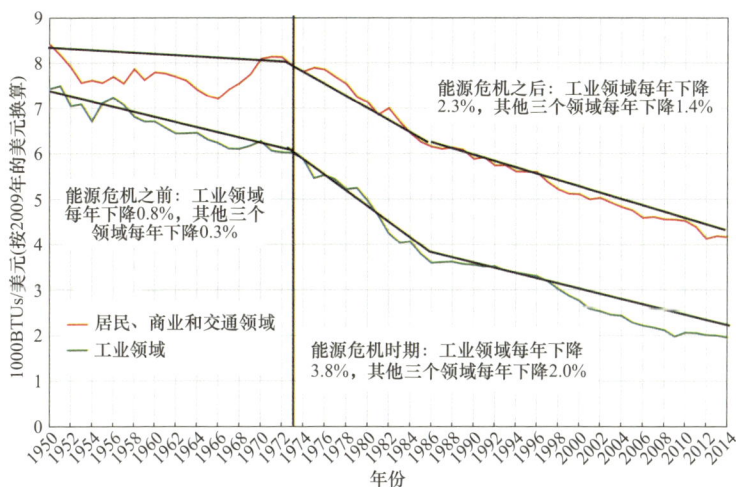

图 5-3　美国经济能源强度下降：工业和其他三个领域

资料来源：美国能源信息署月度能源评论。

在图 5-3 中，对于工业领域和其他三个领域而言，能源强度减少率在三个时期之间有所不同。在能源危机爆发之前，工业领域的单位 GDP 能耗下降较为缓慢，每年下降 0.8%；而其他三个领域（居民、商业和交通）的下降更为缓慢，这三个领域的总能耗平均每年下降 0.3%，但这一比例在某些年份中有所增加，而在某些年份有所下降。因此我们认为这三个领域的单位 GDP 能耗总和并没有系统性的减少。

1973～1985 年石油价格崩盘的第二个时期——能源价格暴涨、许多能源政策出台以及对能耗问题的高度认识。工业领域的单位 GDP 能耗平均年度降幅是 3.8%，而其他三个领域则为 2.0%。

---

❷ 这些不是在某个领域能源使用量与该领域内活动测度的比值，而是这些领域所用能源与经济 GDP 总量的比值。因此，这两个强度衡量指标叠加在一起等于全部经济体的总体强度，如图 3-8所示。

在石油价格崩盘（大致从 1986 年到现在）之后，稳健的联邦能源政策，持续的国家政策和措施，使能源价格比第二个时期低，但比能源危机之前高。人们对能耗的意识有所下降，但仍将其视为一个重要问题。工业领域的单位 GDP 能耗平均年度降幅下降到 2.3％，其他领域下降到 1.4％。如图 5-3 所示，这些年以来工业领域的下降幅度并不一致。

如图 5-4 所示，我们可以比较工业领域和其他三个领域（居民、商业和交通）在"有限能效"基准下的能源消费量和实际能源消费量。图 5-4 与图 3-7（能源消费量：实际与"有限能效"基准）相类似，图 5-4 把工业领域趋势线的差值标注为"考虑产业结构转型对工业能效的影响"。相较于 1973 年之前的趋势线，工业领域的能源消费量大幅下降源于美国工业领域的重要产业结构转型，该转型与不断变化的国际贸易格局有关。

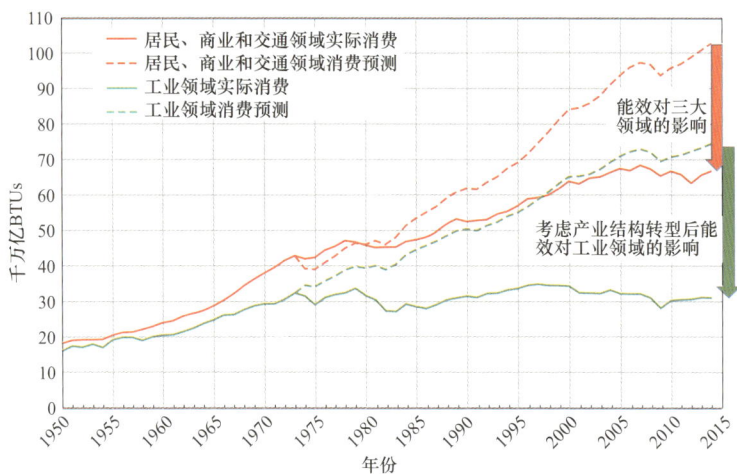

图 5-4　实际能源消费与有限能效基准下的能源消费：工业和其他三个领域

资料来源：美国能源信息署月度能源评论。

图 5-4 表明，对于居民、商业和交通领域能源消费总和而言，能效的影响到 2014 年达到约 35 千万亿 BTUs。而对于工业领域而言，到 2014 年考虑产业

结构转型的能效影响达到约 45 千万亿 BTUs。

5.2　产业结构转型与工业领域

由于制造业转移至中国❸，工业领域的产业结构转型特别重要。尽管由于重工业向中国转移，2000 年后美国的工业生产的增速放缓，但工业领域并没有崩溃。图 5-5 显示了 1950~2014 年联邦储备局统计的工业生产指数❹和能源消费数据，证明工业生产在持续增长。工业生产指数以大致相同的增长率持续增长，直至 2000 年增长率下降，然后工业生产指数出现下降❺。然而，工业领域能源消费在 1973 年至 2000 年期间波动，2000 年能源消费与 1973 年（即 27 年前）大致相当。

虽然工业生产继续增长，但 1973 年之后，开始从能源密集型制造业和其他工业生产转向能耗较低的产品生产和工艺。这种产业结构转型对于减少工业领域的能源强度来说至关重要。

据美国能源部能源效率与可再生能源办公室（The US Department of Energy, Office of Energy Efficiency and Renewable Energy，EERE）估计，自 1973 年以来，在工业领域能源强度的变化中有将近一半均是产业结构转型的贡献。EERE 并没有分析产业结构转型在多大程度上是源于国际竞争，又在多大程度上源于国民对高能耗产品看法的转变。EERE 提供的数据如图 5-6 所示，其中所有能源强度数据均以

---

❸ 这一点与审查全球气候变化问题息息相关。如果碳密集型产品在中国制造并出口到美国，那么虽然美国的碳排放量下降，但美国碳排放量的下降幅度大致相当于中国的增长量，或者如果中国生产过程的碳排放更加密集，排放量可能会上升。然而，这一点与能源安全几乎没有关系。即使货物在中国生产，美国的能源净进口量减少，能源安全得到改善。从中国进口的消费品供应可能出现的短期干扰和短期能源供应中断，但并不具有相同的安全隐患。

❹ 工业生产指数衡量了美国所有制造业、采矿业、电气和燃气公用事业机构的实际产出。如了解该指数的相关信息，请参阅：http://www.federalreserve.gov/releases/g17/IpNotes.htm。

❺ 工业生产增长急剧下降与成为世界制造业中心的中国增长有关。

1973 年的数值为基准，并进行了归一化处理❻。

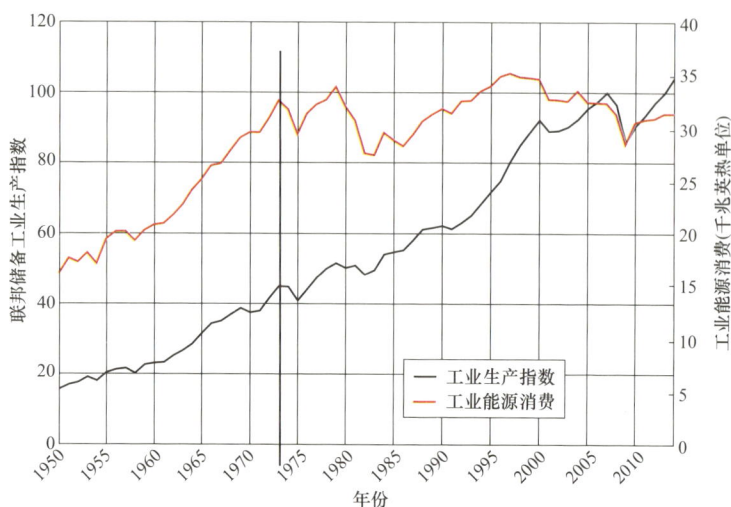

图 5-5　美国工业生产和能源消费

资料来源：美国能源信息署月度能源评论；美国联邦储蓄系统理事会。

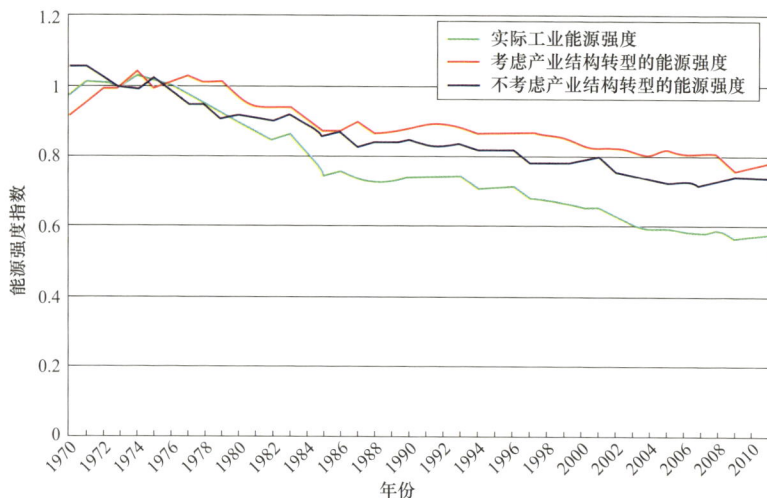

图 5-6　工业领域能源强度：产业结构转型的作用

资料来源：美国能源部能源效率与可再生能源办公室（EERE）。

---

❻　图 5-6 数据来自：http：//www1. eere. energy. gov/analysis/eii ＿ trend ＿ data. html。

能效量化中是否考虑产业结构转型取决于对能效的定义。本书采纳了比 EERE 更为广泛的"能效"定义❼。本书关于能效的定义是：能效变化指以经济可行的方式所减少的能源使用量。能效变化减少能源消费，但并不降低美国经济的商品和服务的整体价值。

根据本书的定义，自 1973 年以来，几乎所有的产业结构转型都包含在能效之中。到 2014 年，能效对经济的影响已达到近 80 千万亿 BTUs。根据 EERE 的定义，至少在这项研究中，工业领域能源消费减少的 45 千万亿 BTUs 中只有一半（约 23 千万亿 BTUs）源于能效提升。根据 EERE 的定义，自 1973 年以来，能效对美国经济的总体影响可能为 57 千万亿 BTUs 而不是 80 千万亿 BTUs。

在本书的其余部分，作者把产业结构转型考虑在能效调整中，所以本书继续使用 80 千万亿 BTUs 作为估计值。但如果一些读者更偏向 EERE 的定义，也可以相应地调整能效影响的各项估计值。

5.3　能效和反弹效应

本书表明，美国的能效一直是决定能源进口和温室气体排放的主导力量。然而，最近，Breakthrough 研究所通过长时间的观测，在一个众所周知的研究❽和备受关注的论文❾中对"能效提升可能导致能源消费的显著下降"这一说法进行了质疑。该研究指出：

---

❼　EERE 使用的概念是"能源效率是指在定量的能源下可以产生的活动或生产，例如，钢铁吨数可以与兆瓦时相对应。请参阅：http://www1.eere.energy.gov/analysis/eii_efficiency intensity.html。如本书第 1 章所述，这个概念更接近于物理学的定义。

❽　参见：J. Jenkins，T. Nordhaus，M. Benenberger. 能源出现：反弹与反作用等演生现象. Breakthrough 研究所报告，2011 年. http://thebreakthrough.org/blog/EnergyEmergence.pdf。

❾　参见：M. Benenberger，T. Newhaus. 能量效率方面的问题. 纽约时报，2014.10.8，A35。

然而，经济学家们长期以来一直认为，更高效的能源生产和消费可以推动能源需求和能源服务需求的反弹，从而可能导致能源消费增加，而非减少。随着时间的推移，能源生产力的提高降低了隐含价格，增加了能源服务的供应，以此推动了经济增长，并推动企业和消费者找到能源消费的新途径（例如能源替代）。能源经济学文献称为能源需求"反弹"，或者当反弹大于初始能源节约量时，称之为"反作用"[10]。

对于关注能效政策设计细节的人来说，反弹效应是一个重要的课题，不能忽视[11]。然而，大众关于反弹效应的讨论，如上述所示，往往对问题有所夸大。尤其需要注意的是，经济整体的反弹效应非常高或可能导致"反作用"这一说法在发达经济体中并没有有效的实证支持，但对于发展中国家而言，该说法仍有待进一步验证[12]。

从图 2-6（轿车和轻型卡车能耗）中看来，我们可以从汽车燃油效率的变化趋势中看到反弹效应。对于轿车和轻型卡车来说，单位油耗行驶里程的增加（例如 10%）将降低每单位英里驾驶成本，因而人们会增加开车次数。如果人们开车次数增加 2% 以上，那么汽车油耗的总体减少量会达到 8% 左右，即由单位油耗行驶里程增加带来的能源消费量减少 10% 和由开车次数增加带来的能源消费量增加 2% 对冲之后的结果。这些反弹效应会部分抵消因节能技术的发展而减少的能源消费量。

然而，总体能源影响通常要复杂得多。如果人们开车次数增加 2% 以上，他们可能会减少乘坐飞机次数，从而减少航空燃油消费量。这意味着交通运输

---

[10]　同[9]，第 4 页。

[11]　美国联邦能源署出版的《1976 年国家能源展望》早已把反弹效应纳入美国政府对能源效率影响的分析。参见 C-12、C-13，表明车辆行驶里程是每英里驾驶费用的递减函数。当汽车单位油耗行驶里程增加时，每英里驾驶费用就会下降。

[12]　参见：Danny Cullenward, Jonathan G. Koomey. 评论文章——Saunders 关于 30 个美国部门能源效率反弹的历史证据. 技术预测与社会变革，103（2016）：203-13。

领域的能源消费降低总量将不止是 8% 的汽车燃料消费减少量。而且航空燃油消费量的减少甚至可能抵消由于人们开车次数增加带来的 2% 燃料消耗增加量。在这种情况下，调整量之和不能抵消由于节能技术发展而减少的能源消费量。

实际情况甚至会更加复杂。如果消费者的汽油成本节省了 8%，那么他们可能把节省汽油成本中的大部分用于其他商品的消费。如果这些商品在美国生产，那么相应的美国制造业产量就会增加，并需求更多能源，这在美国劳动者未充分就业的情况下有利于经济发展。但如果就业已经充足，这部分商品生产的增加就需要占用其他商品生产的资源，使得生产不同种类商品的总能耗降低。如果这些其他商品在另一个国家生产，那么那个国家的生产产量将会增加，能源消费也会增加，继而把这些货物运送到美国还会引起能源消耗。因此，尽管多次尝试（包括 Breakthrough 研究所背后最引人注目的主要研究）量化所有调整的最终结果，也没有得到任何有意义的信息。

值得注意的是，无论反弹效应对能源消费的影响如何，该效应终将让人们在改变消费行为中获利。在上述示例中，当司机发现增加开车次数所得到的收益大于额外增加的驾驶成本时，其开车次数增加 2% 的情况的确有可能发生。反弹效应其实就是他们做出更优选择后的结果，如果他们认为有其他的商品更值得购买，他们就会去购买这些商品。这就会造成这些商品产量增加，因为对于公司来说增加这些商品的产量是有利的。对改变消费行为的个人来说，反弹效应其实提高了个人福利。

但对整个社会而言，反弹效应可能是有益的或有害的。若不考虑不可估量的外部影响，反弹效应对社会总体来说有利。但就能源而言，至少在发达国家，环境影响和国家安全影响等不可估量的外部影响可能要超过个人利益。以汽车为例，更多公路的拥挤所造成的社会成本增加有可能超过个人利益增加，因此这些福利效应也很复杂。

政策所面临的问题是我们预期的反弹效应有多大以及形成反弹效应的历史规模。

对于某些家用和商用的能源消费来说，例如制冷，能源消费有固定的周期，所以消费者不太可能因为冰箱变得更有效率而改变这个周期。根据反弹效应，人们也许可以推测出由于能源成本降低，消费者会购买更多的冰箱。但事实是最近的"居民能源消费"调查显示，大部分家庭都只有一个冰箱，不到25％的家庭有两个或更多的冰箱。但由于现在冰箱的功率不到1973年的四分之一，因此，即使存在冰箱保有量增加这一反弹效应，增加的保有量也并未抵消能效大幅提升的影响。

对于其他家庭或商业用途来说，人们能够主动控制能源使用量。他们决定在什么温度下设置恒温器用于加热和制冷；他们打开和关闭电灯、电脑、电视和火炉。对于这些用途，虽然反弹效应可能更大，但通常仍然有限。毕竟家庭和企业一般不会因为采暖系统节能而将温度设置得过高，以至于超出舒适范围；企业也不会因为安装了LED灯或者运动感应/感光开关等节能装置而将办公室的亮度设置得过高。以目前的经验显示，在设备效率范围内10％～30％的变化除了导致轻微反弹外，并没有其他后果。

对于汽车运输，反弹效果同样也很小。轻型车辆的燃油效率自1973年以来大概翻了一番，2002年的实际汽油价格与1970年石油危机前的价格大致相同[13]。但是，图2-5［车辆行驶里程（单位：万亿）：所有美国道路的数据］显示，车辆行驶里程的增速略有放缓，并没有加快。没有证据显示存在实质性的反弹，更不用说"反作用"了。

---

[13] 资料来源：http://www.eia.gov/totalenergy/data/annual/showtext.cfm? t=ptb0524。1973年，含铅常规汽油的平均价格为1.467美元（所有数据折算为2005年美元水平）；2002年，无铅常规汽油价格为1.473美元。近年来，汽油价格大幅上涨，2011年达到3.11美元。

对于航空运输来说，反弹效应的规模不太确定，但可以肯定的是，不会很大。图 2-12（认证航空公司的能源强度）表明，每客英里的能源消费量减少大约四倍；图 2-13（航空公司乘客英里和油耗）显示，航空旅行实际上有所增长，但其中大部分增长可能源自收入增加，图 2-13 还显示，认证运营商燃油的总使用量一直在下降，并没有发生"反作用"情况下的快速增长。

在工业领域，能源消费是非常不均匀的，很难描绘反弹效应的特征。但是，本章的数据显示，即使总产量持续增长，1973 年以来工业领域的能源消费量并没有增长。

通过考察美国能源的使用情况，我们发现总体上不会有大的反弹效应。本书第 3 章表明，美国经济整体的能源强度在 1973～2014 年下降了 57%，并且能效提升把能源消费量从每年 180 千万亿 BTUs 降低至每年 100 千万亿 BTUs。第 5 章中显示，相较于有限能效基准，能效提升使得每个消费领域的能耗都降低了。这些数据与上述论调相互矛盾，即能效提升有可能增加能源消费甚至反弹效应会明显地限制能源消费的降低。即便不把"反作用"看作一种常见现象，这些总体数据也不能很好地量化总体反弹效应。反弹效应的幅度无法直接推导，因为总能源效益的增长源自许多方面同时作用，如：能源价格、技术进步、监管政策和个人期望。但这些数据与反弹效应的说法具有很大的矛盾，与美国整体经济出现"反作用"的说法更为矛盾[14]。

尽管在发达经济体中大范围的反弹效应甚至"反作用"的可能性不大，但

---

[14]　关于反弹效应的更多文献，请参阅：Danny Cullenward，Jonathan G. Koomey. 评论文章——Saunders 关于 30 个美国部门能源效率反弹的历史证据. 103（2016）：203-13. Kenneth Gillingham，David Rapson，Gernot Wagner. 反弹效应和能源效率政策. 环境经济学与政策评论. 10，no. 1（2016）：68-88. Severin Borenstein. 评估能源效率反弹的微观经济框架和一些启示. 能源期刊. 36，no. 1（2015）：1-21. InêsAzevedo. 消费者终端使用能源效率和反弹效应. 环境与资源年度评估. 39（2014）：393-418.

能效净贡献的某些问题确实需要更多的研究，特别是在发展中国家。当劳动力和其他资源充足时，能效可以导致能耗的减少和经济活动的增加——促进经济增长。在美国等发达国家，能效提升最大的影响可能是能源消费量减少；而（虽然没有实际证据）在劳动力充足的发展中国家如果出现反弹效应，也有助于经济福利的提高和社会发展。也就是说，能效提升通过反弹效应使工业和商业活动增加；在发展中国家虽然没有减少能源的使用量或降低碳排放量，但也增加了福利；而对欠发达国家则有待开展更多的反弹效应实例研究。

在下一章中，我们将讨论放大能效提高作用的一些额外政策。

第 6 章
拓展的能效提升

究竟是什么实现了能效的大幅提升？1973 年以后能源价格大幅上涨，人们对能源问题的认识越来越深刻。在这两个因素的刺激下，市场中涌现出诸多成果，包括能效创新、新技术研发、强有效的技术实施以及公司实践的改变。

但除了上述这些市场成果之外，制度、实践、通信、法规和政策，这些因素的作用也加大了能效提升的速度和深度。其中一些是针对第 1 章（表 1-1 能效优化所面临的一些障碍）中讨论的很多障碍（对充分实施能效措施起到阻碍作用）采取的措施。

这些扩大因素可以被看作是广泛的社会和经济力量的一部分，这使美国的经济和文化氛围从几乎完全忽视能效转变成为持续推动能效的提升。

以下是其中某些因素结合起来实现能效大幅提升的一些例子。

6.1 信息/标签/助推

几十年以来，联邦政府一直在进行大量投资，用于收集和提供能源信息。在 1973 年能源危机爆发之前，能源信息不但有限而且分散，但时至今日已经可以比较广泛地轻松获取了。美国能源部下属的能源信息署（EIA）专注于

"收集、分析和传播独立公正的能源信息，以促进政策的制定更加合理、市场的运行更加高效、在能源、经济和环境的相互影响等方面的公众认知更加深入"❶。如果没有 EIA 提供的高质量数据，就没有本书的诞生（书中的许多关于能源消费的数据来自 EIA）。

EIA 的前身是美国联邦能源管理局内的几个办公室，根据 1974 年《联邦能源管理法案》而设立，是为应对 1973～1974 年能源危机而设立的。

在能源危机之后，除了 EIA，联邦政府，特别是能源部（DOE）、联邦贸易委员会（FTC）和环境保护局（EPA）等许多公用事业部门和州政府也相继启动了信息计划以鼓励减少能耗。

1. Energy Star——"能源之星"计划

美国环保局和能源部主导的最为知名、成功的计划就是"能源之星"。美国环保局于 1992 年启动了这项自愿参与计划，国会根据 2005 年《能源政策法案》进一步授权该机构"认证和推广节能产品和建筑物，通过标签以及其他形式来宣传符合最高能效标准的产品和建筑物，从而减少能耗、加强能源安全并减少污染。"❷

如果产品符合"能源之星"产品规范中列出的能效要求，就可以获得"能源之星"认证并贴上"能源之星"标识（如图 6-1 所示）。EPA 根据以下主要指导原则制定了这些规范：

> 产品类别必须能够在全国范围内显著节约能源，并且必须满足消费者所需的功能和性能。如果认证产品的价格超过低能效的传统产品，那么买家将能够在合理的时间内通过节省水电费而回收投资❸。

---

❶ 资料来源：http://www.eia.gov/about/。
❷ 资料来源：https://www.energystar.gov/about/。
❸ 资料来源：https://www.energystar.gov/products/how-product-earns-energy-star-label。

图 6-1 "能源之星"标识

资料来源：https：//www.energystar.gov/about/。

"能源之星"计划和标识提供信息，以引导消费者购买通过"能源之星"认证的产品。但要获得这种竞争优势，产品必须符合"能源之星"的标准。因此，它激励制造商提高其产品的能效，以获得竞争优势。它还激励制造商提供一系列能效各异的产品，其中包括满足监管最低要求的产品和符合"能源之星"认证最低要求的产品。

塞巴斯蒂安·霍德的研究表明，"一些消费者似乎十分信赖'能源之星'认证，而不太注意电费，一些消费者恰恰相反，还有一些似乎对电费和'能源之星'都不敏感，但'能源之星'计划确实影响了企业的决策。专注于冰箱市场的企业往往生产并提供仅能满足"能源之星"最低要求的产品。"❹

2. Energy Guide——"能效指南"标签

美国联邦贸易委员会（FTC）要求大多数家用电器在零售点展示"能效指南"标签，电器类别包括：锅炉、中央空调、洗衣机、洗碗机、冰柜、炉子、

---

❹ Sébastien Houde. *Managing Energy Demand with Information and Standards*. 2012. http：// purl. stanford. edu/ ys203dx0462, page p. 4.

热泵、游泳池加热器、冰箱、电视机、热水器和窗式空调。图 6-2 显示了一个典型的 "能效指南" 标签❺， 其标签上会突出显示预计的年度运行成本、类似型号的年度运营成本的范围、每年预估用电量等信息，如果通过认证的话，标签上还会显示 "能源之星" 标识。

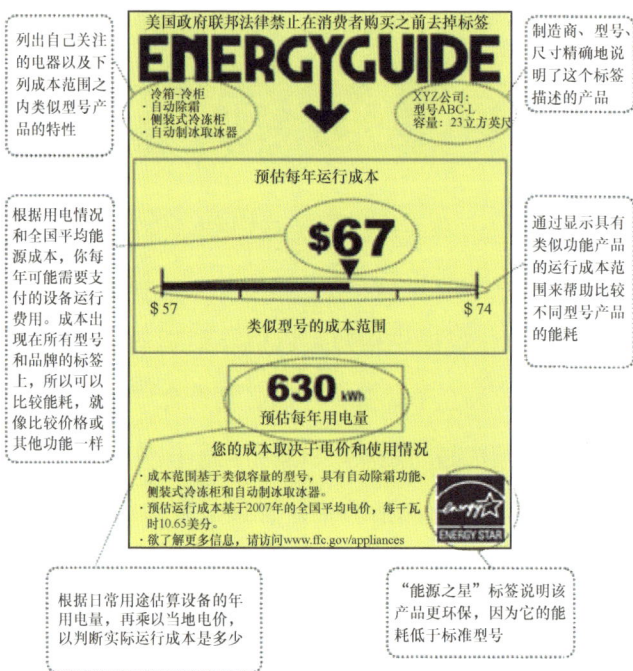

图 6-2 "能效指南" 标识

资料来源： www. consumer. ftc. gov/articles/0072-shopping-home-appliances-use-energyguide-label。

　　"能效指南" 标签鼓励消费者关注设备的运行成本。由于充分了解这一点，制造商才有更大的动力让自己设计的产品经济有效地降低能源成本。"能源之星" 计划也致力于改变工业总体能耗，这反过来使美国能源部能够推行最低能

---

❺　资料来源：http://www. consumer. ftc. gov/articles/0072-shopping-home-appliances-use-energy guide-label。

效标准（minimum efficiency performance stanclards，MEPS）❻。

3. 燃油经济性和环境

与"能源之星"和"能效指南"两项标签相似，新的乘用车和轻型卡车必须张贴燃油经济性标签，以每加仑英里数和百公里加仑数两种计算方式表示。除了估计每年燃料成本外，还可以就其燃料成本与新车的平均指标进行比较。最新版的汽车燃油经济性标签❼如图 6-3 所示。

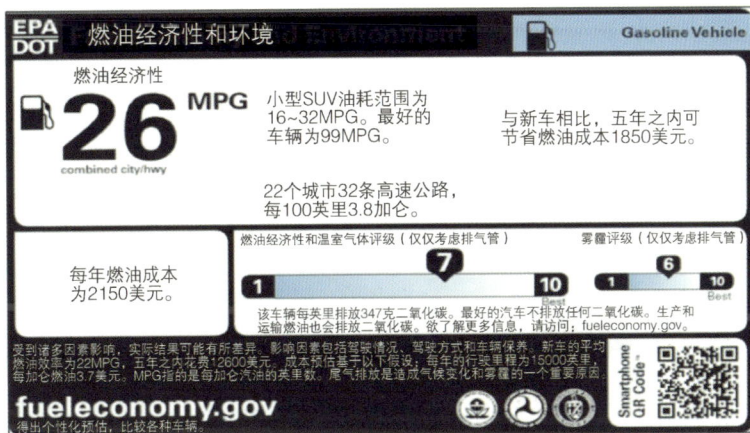

图 6-3 新车燃油效率标签

资料来源：http：//www.fueleconomy.gov/feg/Find.do？action＝bt。

汽车或燃油设备上的标签使消费者能更加便捷地比较竞品能耗。重要的

---

❻ "能效指南"标签起源的更多细节参见 M. Taylor，C. A. Spurlock.，H-C. Yang. *Confronting Regulatory Cost and Quality Expectations*：*An Exploration of Technical Change in Minimum Efficiency Performance Standards*. Lawrence Berkeley National Laboratory 1000576，2015。1975 年"能源政策和保护法案"（C. A. Spurlock 和 H-C. Yang）介绍了美国联邦家电节能政策的四大主要特点中的三个：测试程序、能耗标签和最低能效性能标准（MEPS）。在 EPCA（现在属于美国能源部）指导下，国家标准局（现为国家标准与技术研究所）制定了测试程序。EPCA 还指导 FTC 制定和管理了涵盖主要家电和照明的强制性能源标签计划。1979 年制定了第一个家电标签规则；1980 年所有产品被强制要求携带标签。

❼ 资料来源：http://www.fueleconomy.gov/feg/Find.do？action＝bt1。

是，突出显示年度运行成本让消费者开始关注能源消费，而不仅仅是购买价格。标签使消费者能够轻松地做出经济上合算的选择。这一类计划可视为对"缺乏关于设备或电器的能耗信息"〔见表 1-1（能效优化所面临的一些障碍）中〕这一障碍的直接应对。

汽车燃油经济性标签与 CAFE 标准相互配合。通过鼓励消费者考虑新车的燃油成本，进而引导消费者购买更节省燃油的车辆，借此提高节油型乘用车和卡车的市场份额。市场份额的提升使得汽车制造商更容易达到 CAFE 标准。

4. LEED "绿色能源与环境设计先锋"认证

对于新建筑物和许多现有建筑物来说，通过非政府组织美国绿色建筑委员会❽的 LEED 认证计划可以获得认证和标识（如图 6-4 所示）。这个评价体系旨在促进设计和施工更加有利于环境和居民健康。LEED 于 2000 年推出，建立初期只有一个针对新建筑的评价体系。发展至今面向新建建筑、现有建筑、室内设计和社区发展形成了几个新的评价体系。认证级别取决于选址、能效、二氧化碳排放、水资源利用效率、用材的可持续性和居民健康。能效只是众多标准之一，因此可能并不是 LEED 认证建筑中特别重要的一个特征。

图 6-4　LEED 认证标识

资料来源：http://www.greenedu.com/storage/leed-ga-downloads/10-USGBC%20Logo%20Guidelines.pdf。

对于 LEED 认证能否促进更多节能建筑物的建设仍然存在一些疑问。例如，《今日美国》在 2012 年的一篇报道提到，一项名为"LEED 认证商业建筑物"的调查

---

❽ "LEED 认证标志"由美国绿色建筑委员会注册的商标，经许可后方可使用。

显示，设计师在环保方面关注的是最简单最便宜的环节。"❾ 美国绿色建筑委员会
称，针对 7100 个项目的分析表明，92.2％获得 LEED 认证的新建筑项目"把能
效提高至少 10.5％。"❿ 虽然研究并没有明确指出 LEED 认证对节能建筑产生多大
程度的影响，但是这个评级、认证和标签系统确实提供了一个强有力的动因，让
建筑者按照已施行的认证规则来建设建筑物。随着时间的推移，以及认证阶段各
方面能耗要求的不断发展和推进，人们越来越重视能源和水的使用效率。

与 LEED 认证计划形成鲜明对比，
1995 年启动的"能源之星"新房屋计划的
重点是节能，剔除了各种与能源无关的指
标。美国环保署提供的资料提到，"获得
'能源之星'标签的新房屋经过了检查、测
试和验证，满足美国环保署制定的严格要
求，能够提供更优的质量、更佳的舒适度
和更好的耐用性"⓫（如图 6-5 所示）。整个
家庭计划向建筑商提供明确的激励措施，
使其在市场上提供更节能的房屋，并给考
虑购买新房的消费者提供信息。

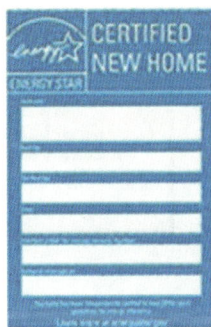

图 6-5　"能源之星"新房屋认证标签
资料来源：http://www.energystar.gov/
index.ctm? c＝new_homes.
hm_index。

Opower 及其竞争对手，与公用事业单位和其他能源供应商合作，采用了另
一种促进节能行为的助推措施。例如，一个公用事业公司可以在发给客户的每月
账单中包括"家庭能源报告"（由 Opower 开发），引导客户的节能行为。该报告
把客户的能源使用情况与不同邻居进行比较，低能耗获得笑脸；高能耗获得哭

❾　资料来源：http://www.usatoday.com/story/news/nation/2012/10/24/green-building-leed-certification/ 1650517/。

❿　资料来源：http://leed.usgbc.org/bd-c.html。

⓫　资料来源：http://www.energystar.gov/index.cfm? c＝new_homes.hm_index。

脸。Opower 报告不会向客户提供任何经济激励。但它确实提供了减少能源使用量的技巧和建议。附有"家庭能源报告"的 Opower 电费账单[12]如图 6-6 所示。

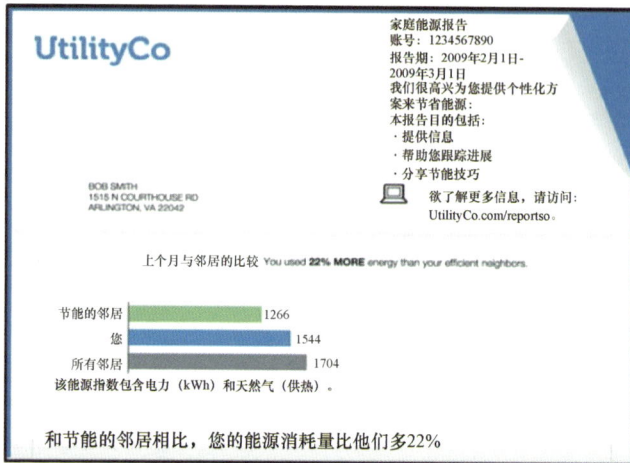

图 6-6　Opower 家庭能源报告

资料来源：https：//opower. com/solutions/energy-efficiency。

据统计 Opower 这一简单的行为助推，使用电量平均减少了 2%，对减少量贡献最大的是那些用电量远远高于平均水平的家庭。由于政策的改变，这种提供能源信息的创新已经变得无处不在：公用事业委员会已经开始把"行为式节能"——能源消费者行为的变化——认可为一种合理的节能措施并允许使用公用事业项目资助。因此，许多州的监督管理委员会制定政策（允许公共事业机构利用此类节能手段实现强制性的能效目标[13]）。如果没有这种州级政策和规则的激励，公用事业机构是没有动力资助 Opower 或其竞争对手提供报告的。

---

[12]　资料来源：https：//opower. com/results。

[13]　对于公共事业委员会如何以监管的角色来准确地衡量和验证行为改变的结果仍存在疑问，特别是那些旨在引导长期行为变化的项目。

6.2 能效法规的改变

在住宅和商业领域已实现能耗降低的措施有：强制性法规，用于家电、照明和供暖/制冷系统的政策和计划，以及用于其他用能设备的政策和计划。上文描述了汽车燃油效率标准——CAFE 标准。本小节来讨论非交通领域的能效标准。

作为 1975 年《能源政策和节能法案》（Energy Policy and Conservcotion Act，EPCA）的一部分，联邦家电能效标准最初是为了应对 1973～1974 年的能源危机，由福特政府制定，并由杰拉尔德·福特总统签署生效❶。由总统吉米·卡特签署的 1978 年《国家节能政策法案》（National Energy Conservation Policy Act，NECPA）考虑了其对制造商的影响。之后 1987 年在罗纳德·里根总统在任期间的《国家家电节能法案》、1992 年老布什总统在任期间的《能源政策法案》以及 2005 年小布什总统在任期间的《能源政策法案》，均扩大了监管部门的权力。这些条例均获得两党的共同支持。

2007 年《能源独立与安全法案》颁布了联邦照明标准，由小布什总统签署。根据该法案，螺纹口灯泡的用电量到 2014 年至少减少 27％；到 2020 年，大多数灯泡必需比标准白炽灯节省 60％～70％的能耗。

美国国家研究委员会指出，有许多干预性政策已经用于促进私人在能效领域进行投资：

---

❶ 泰勒、斯珀洛克和杨．（2015 年）提供了有关联邦最低能效标准（MEPS）历史的更多细节。虽然 1975 年 EPCA 呼吁联邦 MEPS 在 1980 年实施。由于种种原因，它们被推迟。所以第一个标准直到 1987 年才生效。但加州的第一个 MEPS 早在 1977 年就已经生效。虽然联邦 MEPS 旨在推翻或取代国家标准，但由于一系列延误、法律协议和豁免手续等，MEPS 的实际作用是对不同的产品标准进行调解。

尽管新技术可以减少能源成本并借此快速获得投资回报，但强大的市场壁垒仍然倾向于阻止建筑行业开发和引进节能技术。不过，在完成这项研究的 20 年间，出现了一个强有力的措施来解决上述问题，该措施结合了以联邦研发为基础的技术创新和针对新技术建立的财政激励机制（通常以公用事业计划资助或税收优惠的形式），最终结合建筑物和设备能效标准的修正法案❶来突破市场壁垒。

"能源之星"家电计划的官员制作了一张图表（见图 6-7），从概念上解释了国家研究委员会报告中讨论的政策干预体系的作用机理❶。图 6-7 描述了如下作用机理：①研发为大幅提高特定产品的能效提供了选择的可能性；②联邦或各州建筑物规范标准对产品的能效设定市场最低准入要求；③借助"能源之星"标注出市面上能效较高的产品，并鼓励消费者购买它们。

为了更全面地描述政策干预体系，需要结合图 6-7 对两个重要的作用力进行简单解释。一旦研发（由私营或公共部门资助）提供了能效提升的可能，私营公司便开始开发、生产和销售满足高能效要求的产品。在一些州，公用事业机构和州级能源政策采用"推拉"的方式促进新技术落地，主要手段有前期退税、提供信息服务甚至直接资助来加快新产品的推广。

各种力量共同作用，增加了节能产品的市场份额，使得低能效产品的市场份额相应降低并逐步被淘汰。一旦取得成功，这种市场的"推拉"组合作用会

---

❶ *Energy Research at DOE，Was It Worth It ？ Energy Efficiency and Fossil Energy Research 1978 to 2000*．Committee on Benefits of DOE R&D on Energy Efficiency and Fossil Energy，Board on Energy and Environmental Systems，Division on Engineering and Physical Sciences，National Research Council，p. 27

❶ R. Karney．*"Energy Star" Criteria for Clothes Washers：Overview of Energy Star Criteria Setting Process and History of Clothes Washer Criteria*．（2014）．本书中的图表来自泰勒、斯珀洛克和杨．（2015 年），请参见：http：//eetd. lbl. gov/publications/confronting-regulatory-cost-and-quali。

随着时间的推移带来市场的转型，使得这些产品能够在建筑规范和标准的强制要求下得到推广，或者在私人市场上得到普遍应用❼。

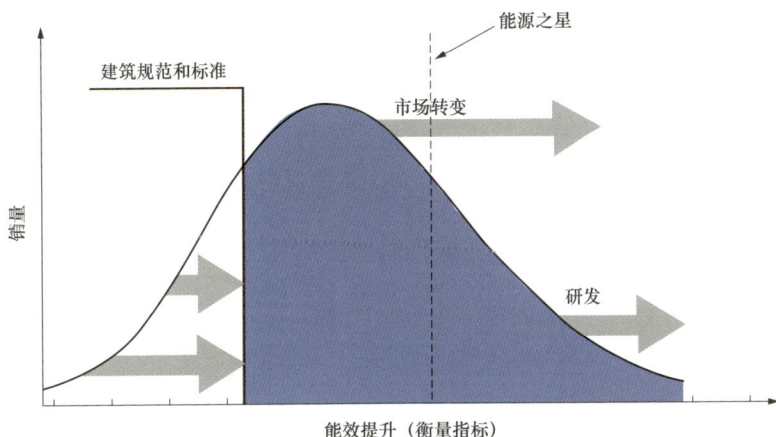

图 6-7　政府监管政策工具的概念性相互作用

资料来源：Taylor Spurlock Yang，R_Rvw_MEPS_for_RFF-20151020_combined-1.pdf，第 24 页。

　　第 2 章中描述的冰箱能效提升是这种模式作用下的一个很好范例。图 2-2（新冰箱的能效、尺寸和价格趋势）展示了能源消费数据的变化趋势。为应对日益增加的冰箱用电量，1977 年美国能源部通过橡树岭国家实验室来支持提升压缩机能效的研究，旨在减少冰箱冰柜和超市制冷系统的用电量。"美国能源部将重点放在了零部件改进（从耗电量大的冰箱压缩机开始）和计算机工具（用于分析冰箱设计选项）。早期的成果包括研制出一种压缩机系统，这比 20

---

❼　2007 年，加州采取了类似的方法，指导制订战略计划（正式文件名为：the 2008 California Long-Term Energy Efficiency Strategic Plan）。该计划阐明如何设计加州的能效计划，以向没有纳税人补贴或拥有健全准则和标准的市场转型。加州公用事业委员会，第 07-10-032 号决定。2008 年战略计划（第 5 页）确定了五种可用于"推动"或"拉动"更高能效的产品或实践进入市场的政策工具：客户奖励、准则和标准、教育和信息、技术援助和新兴技术研发。

世纪 70 年代后期常用的冰箱技术能效要高 44%。"**⓲**

　　超高效冰箱计划（SERP）作为一项创新的激励措施，激励冰箱制造商进行创新以提高能效。SERP 是在美国实施的第一个"金萝卜"计划，目的是促进冰箱制造商之间的竞争，从而加速超高效冰箱的研发和商业化。SERP 准备了 3000 万美元的奖金奖励给能够以最低成本开发、分销、推广和销售最节能的无氟冰箱/冻柜**⓳**的冰箱制造商，惠尔普（Whirlpool）最终赢得了该奖项。SERP 还把联邦研发工作和上游制造激励措施结合起来**⓴**，从结果上看，SERP 促使惠尔普和其他冰箱制造商增大了能效研发的投入。

　　一旦富有吸引力的能效提升技术经济可行，冰箱制造商就会把这项技术用于市场上一些型号的产品中。公用事业机构，特别是参与 SERP 的公共机构，承诺在各自的领域提供折扣，从而有助于提高获奖者的市场份额。

　　一旦节能冰箱成功市场化，加州政府就对该地区出售的冰箱制定一系列设备能效标准。这些标准会促使更多的私营部门和公共部门进行研究，从而不断提升能效。

　　反过来，能效的进一步提升带动了加州能效标准要求的提高，联邦标准也随之跟进，每项标准均要求用电量较以往更低。在私营企业和政府部门的联合行动下，新冰箱的年均用电量从 1972 年时约 1800kWh 降至 2014 年的不到 500kWh。第 2 章的图 2-2（新冰箱的能效、尺寸和价格趋势）是由加州或联邦政府推行标

⓲　*Energy Research at DOE，Was It Worth It？Energy Efficiency and Fossil Energy Research 1978 to 2000．* Committee on Benefits of DOE R&D on Energy Efficiency and Fossil Energy，Board on Energy and Environmental Systems，Division on Engineering and Physical Sciences，National Research Council．p．95．

⓳　在公用事业委员会同意的情况下，六家公用事业公司为 Golden Carrot 计划组建了 SERP 公司，最终 18 家公共和私营公共事业部门与美国环保局和环保团体合作。公用事业公司承诺在其服务领域提供折扣，从而增加获奖者的市场份额。

⓴　请参见 "The Super Efficient Refrigerator Program：Case Study of a Golden Carrot Program"，NREL/ TP-461-7281，（1985 年 7 月），http://www.nrel.gov/docs/legosti/old/7281.pdf．

准时的相关数据分析得出，虽然它并不能代表最先进技术的水平。

上文还提到了，"能源之星"志愿计划成功地鼓励制造商在满足最低标准之余还能销售满足"能源之星"要求的冰箱。同时该计划也鼓励大量消费者购买贴有"能源之星"标签的冰箱。

美国能源部资助的技术进步、冰箱制造技术的进步（项目资助由公用事业部门通过州立公用事业委员会批准）、家用电器（对新技术进入市场具有强力推动作用）能效标准，以及"能源之星"标签，这些因素扭转了新冰箱年均用电量的增长趋势，提升了能效，最终带来了冰箱市场的根本转变。

在家用电器的节能化方面，联邦政府很大程度上依靠各种组合政策，一部分原因是认为消费者通常对家用电器使用过程中的能源成本知之甚少，导致制造商对其产品的能效方面并不关注。

表 6-1 总结了市面上家用电器代表性产品的联邦能效标准。还有一些电器需要遵循商业或工业部门的家用电器能效标准。

表 6-1 还显示，对于其中一些家用电器（除了冰箱以外），还有比联邦标准更严格的州政策，加州、俄勒冈州和康涅狄格州对电器能效的监管就特别严格。例如电视机、音响设备、DVD 播放器或便携式电动水疗设备没有联邦标准，但三个州都为这些电器制订了相关标准，在引导市场方面走在了联邦政府的前面。

表 6-1　　　　　　联邦设备能效标准：住宅

产品类型	最初立法	最新标准	有效期	颁发部门	美国能源部更新标准的预期日期	可能的生效日期	独立制定标准的相关州
电池充电器	EPAC T2005	无	无	不适用	2015	2017	加州、俄勒冈州
锅炉	NAECA 1987	2007	2012	国会	2016	2021	
中央空调和热水泵	NAECA1987	2011	2015	美国能源部	2017	2022	
烘干机	NAECA 1987	2011	2015	美国能源部	2017	2021	

续表

产品类型	最初立法	最新标准	有效期	颁发部门	美国能源部更新标准的预期日期	可能的生效日期	独立制定标准的相关州
小型音频设备	无						加州、俄勒冈州和康涅狄格州
计算机和电池后备系统	无		不适用				
除湿机	EPACT 2005	2007	2012	国会	2016	2019	
直接供暖设备	NAECA 1987	2010	2013	美国能源部	2016	2021	
洗碗机	NAECA 1987	2012	2013	美国能源部	2015	2019	
DVD播放器和录音机	无						加州、俄勒冈州和康涅狄格州
外部电源	EPACT 2005	2014	2016	美国能源部	2015	2017	加州
转炉风机	EPACT 2005	2014	2019	美国能源部	2020	2025	
炉子	NAE 1987	2007	2015	美国能源部	2016	2021	
游戏手柄	无		不适用				
微波炉	NAECA 1987	2013	2016	美国能源部	2019	2022	
各种制冷产品	无			美国能源部	2016	2019	加州
泳池加热器	NAECA 1987	2010	2013	美国能源部	2016	2021	
泳池水泵	无						亚利桑那州、华盛顿州、加州、康涅狄格州
便携式电动水疗仪	无						亚利桑那州、俄勒冈州、华盛顿州、加州、康涅狄格州
烤箱	NAECA 1987	2009	2012	美国能源部	2015	2018	

续表

产品类型	最初立法	最新标准	有效期	颁发部门	美国能源部更新标准的预期日期	可能的生效日期	独立制定标准的相关州
冰箱和冰柜	NAECA 1987	2011	2014	美国能源部	2018	2021	
室内空调	NAECA 1987	2011	2014	美国能源部	2017	2020	
机顶盒	无			不适用			
电视	NAECA 1987	无	无	不适用	无	无	加州、康涅狄格州、俄勒冈州
热水器	NAECA 1987	2010	2015	美国能源部	2016	2021	

资料来源：www.appliance-standards.org/。

以加州针对的电视机能效标准为例，截至 2006 年，加州要求销售的电视机最大待机功率为 3W；截至 2011 年，除了大屏电视，该标准已降至 1W。这也只是加州采取大量减少家电待机用电量的行动之一。早在 2006 年，加州已经制定了被动能耗标准，特别是针对 DVD 播放器和电视机在待机模式下的能耗，而不仅仅是这些设备在运行过程中的用能。

针对新建建筑也有相应的标准。例如在加州，1978 年首次颁布的第 24 号建筑标准持续降低新建建筑的估计运行能耗。加州确定了一个目标，其标准要求 2020 年之后建成的大多数房屋实现"净零能源"，商业建筑物在 2030 年之前实现这一目标[21]。因此，除提升能效外，还需要建设太阳能系统（或其他此类分布式能源）。

加州的家用电器标准在该领域已经产生了很大的影响。起因是加州市场很大，制造商都想在其中分一杯羹，但如果分别设计面向加州销售的低能耗产品和面向其他地区销售的高能耗产品，就会增加成本。因此，加州的标准往往成

---

[21]　请参见：2008 California Long-Term Energy Efficiency Strategic Plan 第 6 页。

为美国其他地方的实际标准。

美国联邦和各州的标准虽然能够有效地降低能耗，但它在经济上是否可行呢？或者说标准是否制定得过于严格导致经济效率反而有所下降呢？这是一个十分重要的问题**❷**。最近针对这一问题对联邦标准进行了审查，结果证明这些规定确实提高了经济效率。

制定强制能效标准的联邦法定用语应该与能够实现经济上有效可行的要求保持一致。根据联邦能效标准的法定用语表达为"最高百分比的改进"，即"技术上可行，经济上合理"。加州能源委员会在加州法规里也对类似的概念做了设定。

当然，法律的制定意图或术语与实际结果可能存在差异。但联邦的证据表明，实际结果在经济上是合理的。最近，泰勒·M.、斯珀洛克·C.A 和杨．回顾了 1987 年以来联邦能效标准规定的五种家电的成本、质量和能耗情况，包括：室内空调、冰箱冰柜、洗碗机、洗衣机和干衣机。结果表明至少对于这五种产品来说，联邦决策过程在把控产品标准的严格性方面是恰当的，节能确实是经济有效的**❸**。该研究得出的结论是，联邦监管分析师在制定标准方面过于谨慎。针对不同的情况，分析师都高估了符合规定产品的最终价格，并低估了其能效提升。这五种产品的能效均能达到经济划算的目标，同时产品的其他品质量方面（例如容量、功能和噪声等）也都得到了改善。

虽然这项研究仅仅审查联邦法规规定的五大家电类别，但它确实表明，能效标准与本书中使用的能效定义一致，即经济有效地提升能效。

---

❷ 例如，加州对所有家庭提出的"零净能源"的目标是否经济有效仍然不能确定。对于许多家庭，特别是在阴凉的地方，太阳能系统可能会比它们产生的电力价值更为昂贵。这些系统不具有经济效益。并且，加州监管部门本身对实际上能否达到这一目标也不清楚。

❸ 参见泰勒、斯珀洛克和杨．，2015 年，http://eetd.lbl.gov/publications/confronting-regulatory-cost-and-quali。

6.3 公用事业用户赞助的计划

在提升能效的过程中，许多州的电力和天然气公用事业机构的监管也发生了变化，比如公用事业委员会采取了推行"脱钩"机制的政策，实际上是把公共事业机构的利润或净收入与电力销售脱钩。

在传统的费率机制下，公用事业机构有阻止能效提升的动机：其电力或天然气销售费率中涵盖了大量固定成本，能源销量越大，单位能耗分担的就越少，利润就越高。如果没有脱钩制度，一个成功有效的能效提升计划会导致公用事业机构不能收回其固定成本，从而损失利润。通过脱钩机制，州监管委员会每年实施自动费率调整，补偿上一年度固定成本收回不足或过度收益。脱钩减少了公用事业机构销售天然气和电力的动力，还增加了公共事业机构与客户合作采取节能改造的意愿。

美国一半以上的州立电力或天然气公司已经施行脱钩机制。

单靠脱钩并不能激发公用事业机构采取节能措施；它只是有针对性地消除了一些障碍。美国的一些州通过公共事业委员会制定了类似的激励措施为电力和燃气公司确定费率。例如，加州已经为公用事业机构的能效计划制订了目标，并使公用事业机构能够根据客户的能效提升得到利润。

许多国家公用事业委员会（或各州立法机构）为其区域内的燃气和电力公司制订了能效目标。

这些州通常允许公用事业公司通过对收入分配的少量调整来弥补节能项目的成本，包括减税、营销材料以及向客户提供融资项目。大多数州要求这些项目"经济合算"，即项目让公用事业能源体系节约的总成本必须大于项目本身的成本。

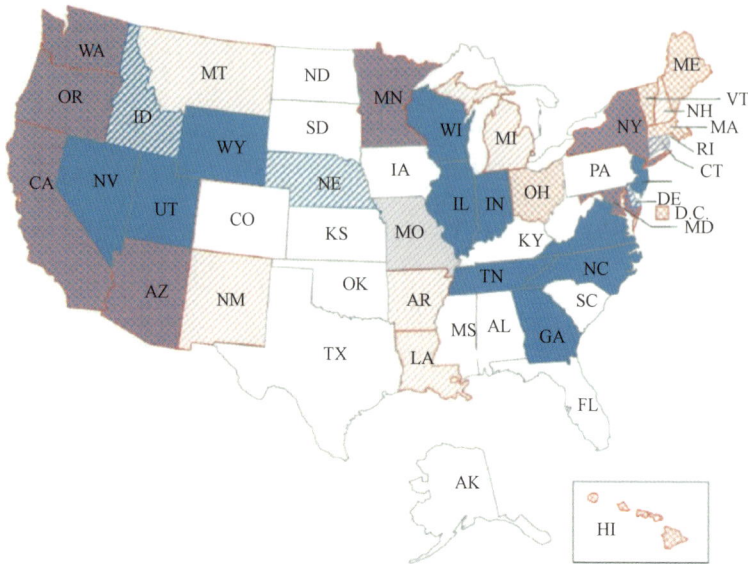

图 6-8　2015 年 11 月燃气与电力脱钩

资料来源：美国自然资源保护委员会。

例如在加州，这些项目让加州公用事业系统在 2010 年至 2012 年期间节省电力大约 6400GWh[24]，2013～2014 年节省约 2400GWh，总计约 2010～2014 年用电量的 0.5%。佛蒙特州和夏威夷州等地已经把管理该计划项目的责任委托给第三方、非公共事业管理者。因为他们与公共事业公司不同的是，他们不存在类似于因为能效提升措施而造成销售额下降的内在利益冲突。

---

[24]　净节约量主要测量的是能效计划影响下的用电量变化，同时考虑到参与者的行为。

迄今为止已实施的大部分公用事业措施主要集中在照明方面，特别是节能荧光灯，尽管大多数项目目前正在转向 LED 灯。在加州，受补贴的节能荧光灯的售价经常不到未补贴产品的一半，有时甚至限量免费发放。尽管有些节能荧光灯质量较差，但这些项目已经成功加快了节能灯的普及。例如，图 6-9 显示了加州投资者拥有的公用事业公司向加州公用事业委员会报告的 2013 年和 2014 年净节电量数据（可能未经过验证）❷。尽管照明项目的投入程度已经远远低于过去三年的水平，但与其他项目相比仍然占据相当大的比重。

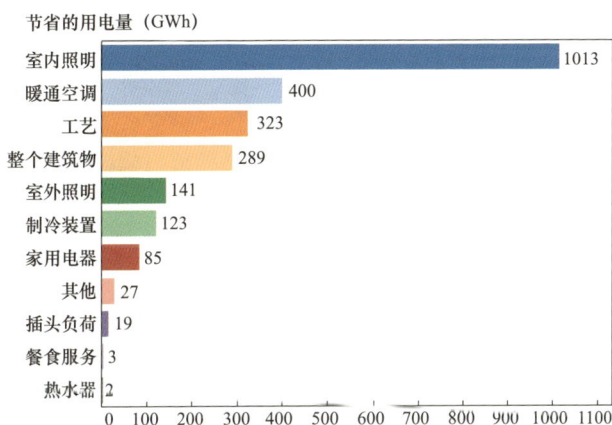

节省的用电量（GWh）

项目	数值
室内照明	1013
暖通空调	400
工艺	323
整个建筑物	289
室外照明	141
制冷装置	123
家用电器	85
其他	27
插头负荷	19
餐食服务	3
热水器	2

图 6-9　加州节电量：四个最大投资者所拥有的公用事业公司（2013、2014 两年合计）

资料来源：http：//eestats. cpuc. ca. gov/Views/EEDataPortal. aspx。

州属公用事业项目还包括其他措施，广泛使用的"DEER"（能效资源）数据库❷包括公用事业和其他私人在其能源项目中所依赖的数十种措施和技术。

❷　资料来源：http：//eestats. cpuc. ca. gov/Views/EEDataPortal. aspx。PEEC 高级研究学者 Dian Grueneich 最近的一篇文章基于 2010-12 年的数据，讨论了图 6-9 的另一个版本，指出了能效测量措施来源多样化以及跟踪测量持续化的重要性；把能效提升工作与碳减排体系相结合；作为不断发展的电网的一部分，对能源效率的价值给予了充分肯定。D. Grueneich. The Next Level of Energy Efficiency：The Five Challenges Ahead. The Electricity Journal 2015,28(7)：44-56。
❷　这是专为能源效率资源建立的数据库（Energy Efficient Resources），请访问：http：//www. energy. ca. gov/deer/。

例如，措施包括提供退款给那些用"能源之星"产品替换旧冰箱的用户，或者由公用事业公司向居民提供小额贷款来替换旧冰箱。

6.4 财政激励

除了上述基于公用事业、州政府资助的项目外，联邦和州政府还直接提供财政激励，通常以税收抵免的形式鼓励节能建筑和技术。在联邦层面，虽然已经制定了税收抵免政策来提高现有住房的能效，但仅限于建筑围护的改进和供暖、制冷以及热水设备。现有住房的业主可以获得成本10%的税收抵免，信用初始限额为500美元。

联邦信贷最初虽然是限期有效，但实际上不断地被延长。2005年，《能源政策法案》首先规定了2006年和2007年的税收抵免。2008年《能源改善与推广法案》又把信贷延长到2009年。2009年《美国复苏和再投资法案》再延长到2010年，并把上限更改为1500美元。在此之后，信贷期限又延长了几次，限额也已经缩减到原来的500美元。最近的延期是2014年《增税预防法案》，该法案把一些节能措施的税收抵免延长到2014年12月31日。信贷的选项也有所减少，如今主要集中在住宅发电方面[27]。

对于商业建筑业主来说，2005年《能源政策法案》使商业建筑物的减免税额最高可达1.80美元$/ft^2$。这些建筑物通过室内照明、供暖和制冷以及建筑围护来减少能耗。

美国一些州政府（如加州和纽约）为能效投资增加了国家税收优惠。这些信用额是联邦税收抵免的补充，因此属于联邦的激励措施。

---

[27] 目前仍然存在优惠仅面向：地热热泵、太阳能系统、小型风力发电机、住宅燃料电池和微型涡轮机。这些信贷计划将于2016年12月31日到期。

税收优惠降低了个人和企业提高能效所需的前期资金成本，从而鼓励了投资。虽然它们通常只占资本成本中相对较小的份额，但事实证明这些税收抵免产生了额外的行为影响并且促进了投资，尤其在和其他激励措施发挥共同作用时。通过让纳税人关注税收抵免计划，进一步鼓励纳税人开始更多地考虑能效投资是否产生经济收益。除了实际的财政补贴之外，这种信息推动可能已经产生了重大影响。

除了税收优惠外，还有一些针对建筑物和设备的直接资助计划。例如，美国能源部正在管理一个"房屋节能改造资助计划"，向各州、领地和一些印第安部落提供资助，以深入补贴或全面资助低收入家庭的节能措施。该计划适用于低收入居民的现有住宅和多户住房，包括建筑围护、供暖和制冷系统、电气系统和一些家电方面的改造措施。这个计划的一部分是提升能效计划，同时也是旨在减少能源成本、增加舒适度、提升健康水平[28]的福利计划。对于低收入人群来说，有时也可能被用作就业刺激计划[29]。通常情况下该项目的资金需求远远超过实际提供的资金。一些州（如加州、纽约州和马萨诸塞州）利用此计划为低收入水电气用户提供额外的资助和免费措施。

财政激励也面向基于新兴技术的轻型汽车。2005 年《能源政策法案》在 2006 年至 2010 年期间为部分节能车辆（特别是混合动力车辆）提供了临时性税收抵免。2005 年，本田雅阁混合动力车的信贷额度为 650 美元，丰田普锐斯

---

[28]　住在房屋隔热较差的建筑里的低收入家庭可能会限制家庭供暖来节省开支。通过能效升级，可以把供热提高到正常的水平，从而为这些家庭提供更适宜的居住环境，与此同时增加能源使用。

[29]　Meredith Fowlie、Michael Greenstone 和 Catherine Wolfram 最近的一项研究认为：这个特别的程序，至少在密歇根州的案例中，并非是经济合算的。研究结果表明，"前期投资成本是实际能源节省成本的两倍。此外，预测的节省量大约是实际水平的 2.5 倍"。对这项研究有许多争议，但是这些争议远超本文所关心的范畴。M. Fowlie, M. Greenstone, C. Wolfram. Are The Non-Monetary Costs of Energy Efficiency Investments Large? Understanding Low Take-up of a Free Energy-Efficiency Program. E2e Work Paper 016, 由以下机构联合倡议：加州大学伯克利分校哈斯能源研究所；麻省理工学院能源与环境政策研究中心（CEEPR）；芝加哥大学芝加哥能源政策研究所。

为 3150 美元。到 2008 年，大部分抵免已经被取消。

2005 年后，国会为充电式电动车确定了税收抵免。具体来说，2008 年
《能源改善与推广法案》以及 2009 年《美国清洁能源和安全法案》为符合资格
的新型插电式电动汽车提供税收抵免。该法案同时还为电动汽车提供补贴。

还有一种特殊类型的财政奖励是给予产品制造商的竞争性奖励。在能源方
面，这些通常被称为"金萝卜"计划。"金萝卜"计划旨在加快节能产品的开
发和商业化。如上所述，超级冰箱计划是美国第一个"金萝卜"计划。它提供
了一项 3000 万美元的协议，授予给能够发明、销售高度节能的无氟冰箱或冰
柜的冰箱制造商❸。这样的竞争不仅为赢家提供财政奖励，而且这项认可可以
应用到产品的市场化推广中。

最后，批发电力市场的新兴财政激励旨在利用能效提升来减少不同时段的
能源消费波动。现在，在地理分布上的几个大的电力批发市场中的能效提升均
得到了经济补偿（美国的 PJM、英国的 ISO-NE，以及较小规模的 MISO）。其
他电力批发市场很可能会考虑进一步整合能效的方法，至少可以用于削减用电
高峰。

6.5 能源研发

美国经济的能源强度显著降低取决于许多不同的因素，其中一个因素在各
大变化中都起着重要作用，那就是技术创新和能源管理与利用的创新。能源研
发主要由大学、研究机构、国家实验室、政府机构和私营企业承担，上述创新
中的很多都是研发活动的直接或间接成果。

---

❸ 请参见：JAN B. ECKERT. The Super Efficient Refrigerator Program：Case Study of a Golden
Carrot Program. National Renewable Energy Lab，1995.

能源相关研发的大部分资金来自私营部门，但联邦政府在与大学、国家实验室、能源研发行业合作以及鼓励私营部门方面发挥了非常重要的作用。美国国家研究委员会的报告中指出：

1978～1999 年，联邦政府为能源研发拨款 915 亿美元（以 2000 年美元价格核算），大部分是通过能源部的计划拨付（NSF，2000 年）。这种联邦政府的直接投资占国家能源研发总支出的 1/3，其他投资均来自私营部门。从成本分摊、环境监管到税收优惠等方面来说，政府政策是影响大部分私人投资的首要因素。因此，总体而言，政府是近 20 年以来能源研发最大的资金来源和刺激因素[31]。

国家研究委员会的报告还提供了自 1978 年以来针对化石能源和节能技术领域最重要创新成果的评估。该报告[32]中的一个表格（如图 6-10 所示）列举了一些能效创新；表中化石能源创新部分已被删除。联邦政府对于其中的某些技术创新起主导作用，对某些技术创新有一定的影响作用，而对某些技术创新作用甚微。从国家研究委员会的研究中可以得出以下结论：联邦政府——特别是能源部，在重要的节能技术创新中发挥了巨大的作用。

对于能源研发的政策制定而言，存在一种障碍，即私营企业是无法直接获得研发所带来的公共利益（如国家安全改善和环境保护）。这种障碍在表 1-1（能效优化所面临的一些障碍）中被称为"研发溢出"和"外部性"。能源研发与能源使用存在明显关联，因此可以带来显著的效益。私营部门可能无法获得，或者只能在相当长的时间后才能从中受益。

---

[31]　Energy Research at DOE, Was It Worth It? Energy Efficiency and Fossil Energy Research 1978 to 2000. Committee on Benefits of DOE R&D on Energy Efficiency and Fossil Energy, Board on Energy and Environmental Systems, Division on Engineering and Physical Sciences, National Research Council. 2001, p. 9.

[32]　同[31]，第 13 页。

市场上现有技术	美国能源部的影响力级别
节能电机	A/M
高里程汽车	A/M
节能电子镇流器	D
节能家用冰箱	D
高效保温材料	I
合成润滑剂	A/M
节能燃气炉	A/M
节能窗户	I
节能工业生产过程	A/M
节能建筑物	I

图 6-10　1978 年以来化石能源和节能技术方面最重要的创新成果

A/M—没有或很少；I—有影响力；D—主导作用。

资料来源：国家研究委员会报告。

国家研究委员会进行了名为《能源部的能源研究值得吗？ 1978～2000 年能效和化石能源研究》[33] 的专项研究，在 2001 年审查了美国能源部应用研发的成本和收益，以检验公共利益是否超过公共成本。如果超过了，具体超过多少[34]。该研究明确得出结论：其效益超过成本[35]，研发是公共基金一个较好的投资方向。

委员会发现，美国能源部在化石能源和能效方面的研发计划已经产生了显著效益（关系到经济、环境和国家安全方面）。此外，它为不同的经济、政治或环境中潜在应用带来了可供选择的重要技术，并为许多领域的工程和科学知识储备做出了重要补充。

---

[33] *Energy Research at DOE，Was It Worth It？ Energy Efficiency and Fossil Energy Research 1978 to 2000*. Committee on Benefits of DOE R&D on Energy Efficiency and Fossil Energy，Board on Energy and Environmental Systems，Division on Engineering and Physical Sciences，National Research Council. 2001，p. 104.

[34] 詹姆斯·L. 斯威尼是这个委员会的成员之一，并参与了撰写这里反复提到的一些结论。

[35] 同[33]，第 5 页。

虽然联邦能源研发有利于能源政策"金三角"的三个方面，但联邦政府并没有为这一研发投入很多资金。在 1973～1974 年能源危机爆发之前的 20 年里，美国联邦政府在能源研发方面的投入只占据了非国防资金中极小的部分。而在能源危机爆发后 10 年里，无论是绝对值还是在非国防研发支出中所占的比例，联邦的能源研发资金均大幅上涨。但是，自 1986 年原油价格暴跌开始，联邦非国防能源研发的支出便开始下滑。近年来，联邦非国防能源研发支出的绝对值大致下降到了能源危机前的水平。作为研发预算的一部分，现如今能源研发所占比例比能源危机之前还小，显然不足以满足大量的能源研发需求。能源研发支出的大幅减少会减缓包括能效提升创新在内的科技创新速度。相关支出数据如图 6-11 所示。

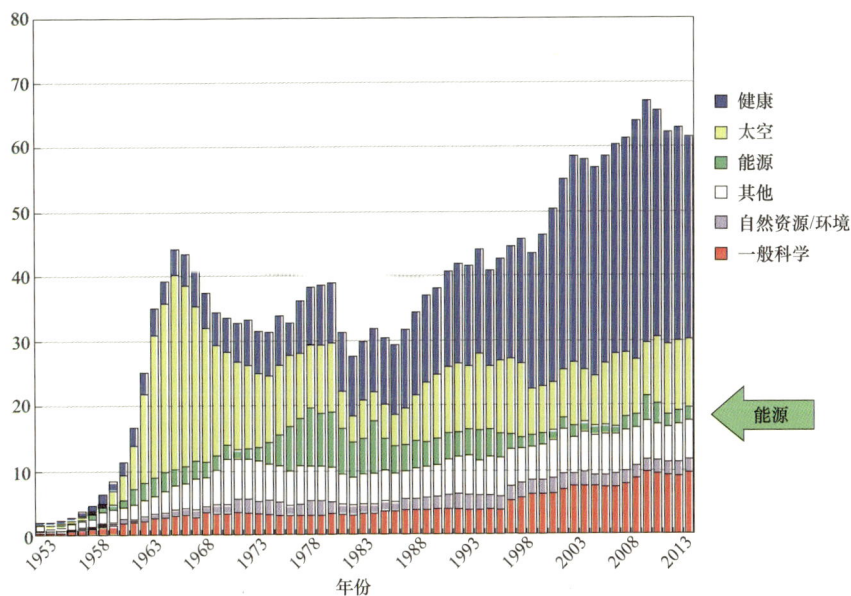

图 6-11 美国非国防研发资金投入趋势（按照功能分类，
研发支出按 2014 年美元价格核算）

资料来源：美国科学发展协会，基于美国政府预算的 OMB 历史表格。2015 年应总统要求制
定。1998 年，一些能源计划开始转向一般科学。

并非所有研发资金都来自联邦政府。私营企业内部也在资助能源研究。例如，由于竞争压力，销售汽车、飞机或灯具等耗能设备的公司有进行研究的动力。大学和其他研究组织继续深入或扩大了对能源问题的研究。在通常情况下，这些研究由联邦政府资助，部分由基金会或公司资助，或由个人资助❸❻。例如，加州和纽约州的大型能源研发计划持续了长达几十年的时间。即使由联邦政府资助的能源研发投入有所减少，这些非联邦政府的资金来源仍十分充沛。尽管如此，联邦政府在能源研发上的额外资助仍不容小觑。

6.6 能源政策和宣传组织

在第 3 章中我们提到，美国国会已经设立了几个负责解决能源问题的联邦机构。联邦能源署（FEA）和能源研究与开发署（ERDA）于 1974 年成立。在 1977 年，美国能源部成立，纳入了这两个机构。1974 年，国际能源机构（IEA）成为国际经济合作与发展组织（OECD）旗下的一个政府间组织，总部位于法国巴黎。

不久之后，各州政府纷纷效仿。例如，加州立法机构于 1974 年成立了加州能源委员会（CEC），成为加州主要的能源政策制定和规划机构。其职责包括 "通过设定该州设备和建筑节能标准来提高能效和倡导节能" ❸❼。纽约州能源研究和发展局（NYSERDA）于 1975 年成立，旨在 "提高可再生能源的能效和知识普及……总而言之，该局旨在减少温室气体排放、加快经济增长，并降低能源费用。" ❸❽ 事实上，每个州都设有一个能源局（尽管许多州不像 CEC 和 NYSERDA 拥有较为全面的职能）。每个州还有一个公共事业委员会，在不同

---

❸❻ 例如，斯坦福 Precourt 能源效率研究中心和 Precourt 能源研究所主要来自 Jay Precourt 的私人资助。斯坦福全球气候和能源项目完全由几家私营企业提供资金。发起公司贡献了共 2.25 亿美元，包括：埃克森美孚、通用电气、丰田和施伦贝格尔。

❸❼ 资料来源：http://www.energy.ca.gov/commission/。

❸❽ 资料来源：http://www.nyserda.ny.gov/About。

程度上对公共事业机构（为当地企业和住宅提供服务）进行管理。这些委员会在美国能效格局中发挥了关键作用。

上文提到了许多州的监管委员会利用其权力来改变公共事业机构的行为。公共事业委员会制定了关键政策，拨出数 10 亿美元资金用于公用事业，通过调动公用事业公司与消费者之间的互动方式来实现能效提升。在许多州，公用事业公司也是节能行动的积极倡导者。

高度关注能源问题的不仅仅是政府组织。在过去四十年里，多个非政府组织增加了能效活动的投入。与此同时许多新的非政府组织被创立，以帮助解决一些能源和气候问题。自然资源保护委员会（NRDC）和环境保护基金（EDF）在 20 世纪 70 年代发起了重要的能源、气候活动，揭示了能源生产与当地或全球环境影响之间的紧密联系。这两个组织在提高能效的受关注度和提高能效本身均发挥了领导性作用。

1977 年，节能联盟（Alliance to Save Energy）成立，旨在提高全球能效❸❾。1980 年，美国能效经济理事会（ACEEE）成立，成为推动能效政策、计划、技术、投资和行为的催化剂。"❹⓿ 1982 年，洛文斯·艾默利和洛文斯·亨特 Lovins 创立洛基山研究所（Rocky Mountain Institute），目的是"推动资源的有效利用和恢复性使用"，❹❶ 特别是在能源方面。1991 年，能源基金会成立，致力于改变能源政策来支持清洁能源技术。同年，《家电标准宣传项目》"组织和领导了广泛的联合工作，旨在推进、实现和捍卫新的家电和照明标准"❹❷。

此外，还成立了六个区域性组织，以积极提高能效，其分别位于在美国东南部（SEEA）、中西部（MEEA）、西北部（NEEA）、东北部（NEEP）、西南部（SWEEP）和德克萨斯州/俄克拉何马州（SPEER）。它们为各州和市政当

❸❾ 资料来源：http://www.ase.org/about/history-mission。
❹⓿ 资料来源：http://aceee.org/overview-mission。
❹❶ 资料来源：http://www.rmi.org/Vision and Mission。
❹❷ 资料来源：http://www.appliance-standards.org/content/mission-and-history。

局提供技术援助，支持能效政策的制定和采纳、推进项目设计和实施❸。它们与美国能源部、公用事业公司和其他组织建立了伙伴关系并从中获得资助。

此外，还涌现了许多特定行业的组织。例如，美国绿色建筑委员会于 1993 年成立，其目标是"促进建筑行业的可持续发展"❹，负责 LEED 认证。1992 年，CALSTART（组织）在加州成立，目前在全球范围内经营，"致力于推动日益增长的高科技清洁交通行业发展"❺。1991 年，能效联盟（CEE）成立，主要由来自美国和加拿大的天然气和电力效率计划管理人员共同合作，旨在加快节能产品和服务的推行。能效联盟的作用是"联合全国的相关机构（如制造商、利益相关者、政府机构）以最大限度地发挥能效项目的影响力"❻。绿色电网是一个基于共识而联合的组织，旨在针对性地提高信息技术的资源利用效率，致力于制定适用于全球的指标和衡量方法，并鼓励数据中心提高能效❼。1992 年，监管援助项目（RAP）在美国启动，现在范围扩展到全球，作为首席顾问，向州和国家决策者提供咨询服务，特别是在与能效计划相关的电力和天然气监管方面❽。

上述政府和非政府组织对能源政策制定、能源研究、能源信息、能源宣传、计划制定和能效提升的实施都至关重要。每个组织都继续强调能效提升，并持续引导公众关注能效提升。前面已经介绍了一些影响，如新技术研发、促进技术实施、鼓励行业节能创新、设计和利用标签、提供能源信息、监管政策宣传、获取节能法规对行业的支持。这些组织对上述各种能效提升均起着重要甚至是关键作用。

---

❸ 资料来源：http：//www. seealliance. org/wp-content/uploads/Resource-REEOEEPolicy2014. pdf。

❹ 资料来源：http：//www. usgbc. org/about/history。

❺ 资料来源：http：//www. calstart. org/About-us/Who-We-Are. aspx。

❻ 资料来源：http：//www. cee1. org/content/about。

❼ 资料来源：http：//www. thegreengrid. org/。

❽ 资料来源：http：//www. raponline. org/about。

第 **7** 章

回顾四十年的政策经验——哪些政策促进了能效的提升？

笔者认为最重要的结论是，广泛累积的能效提升是许多因素共同作用的结果。如果简单地把能效的变化归因于市场竞争、监管、价格上涨、意识提升、公用事业计划或助推等任何一个单一因素，就会忽视能效发展历史进程中的重要经验。在所有因素的相互作用下，能效得到了提升，并且广泛地体现在公司、政府机构、家庭和交通系统中。

从 1973～1974 年开始，油价大幅上涨导致整个经济体的能源价格上涨，更高的价格推动了变革。许多产品通过降低能耗来提高市场竞争力，在此过程中，有的时候生产成本会增加但运营成本会下降，而有时候生产成本并不会显著增加。这个创新过程也经常会促进其他有价值产品的质量提升，使得新开发的产品以降低能耗为目的进行设计生产。另外，管理实践也会发生变化，从而激励管理人员和其他员工在运营中考虑能耗，鼓励公司购买能耗较低的产品和设备。

能源进口的不安全性和温室气体排放使得环境日益恶化，人们对能源问题的重视程度越来越高，这促成了州政府组织、联邦政府组织以及非政府组织的设立。各种组织在关注能源问题方面，特别是将提升能效列为处理这一系列能源问题最有效的策略上发挥了重要作用。

在能源危机发生后的十几年中，政府（特别是联邦政府）在很多能源领域增加了研发投入，包括能效提升领域。这些投资有的作为国家实验室、大学或其他科研机构的研究经费，有的用来与私营企业分摊成本，还有的用于税收激励。有些销售汽车、飞机或灯具等耗能设备的企业持续开展节能研究。大学和其他科研机构，在联邦政府、私人基金、公司或个人的资助下，持续或扩大对能源问题的研究。

除了能源价格的上涨，人们对能源的态度也发生了变化。1973 年之前，人们很少关注能源使用及其产生的后果，但 1973 年的石油禁运和油价上涨给人们敲了警钟。在政府机构、公司和家庭中，人们重新关注能源问题。尽管能源成本在家庭开支中占比相对较小，能源开支显著性相对较低，但许多家庭已然开始关注能耗。美国总统吉米·卡特的炉边谈话强调了节能的重要性。这对于一些人而言，其行动有了很大的改变，而对另外一些人而言，这只是提高了认识。非政府组织成功地把能效发展作为国家对话的一部分，国家政策的工作有助于向一般公众和企业宣传能效。

20 世纪 70 年代，美国联邦政府和几个州政府开始颁布旨在降低能耗的法规。在联邦层面，面向乘用车和轻型卡车的 CAFE 标准的制定和实施使得每英里的能耗减少一半；此外还制定了家用电器的能效标准。美国各个州提高了建筑标准，加州制定了自己的家用电器能效标准和建筑能耗标准，包括设备的被动使用（即处于待机状态）能耗标准；此外，还引进了照明效率标准。与此同时，非政府组织继续与政府机构合作推行强有力的法规。

帮助降低初期投资费用的补贴加快了部分节能技术推广和实施。允许扣除能效投资的联邦税收法规鼓励改造建筑物，并提高了节能轻型车辆的市场渗透率。公用事业计划提出了许多措施,特别是在节能照明方面。

所有这些因素综合作用,显著地提升了美国经济的能效。同时,这些能效提升对能源政策"三角"(安全、环境和经济三个目标领域)也起到了重要作用。能效提升和国内新能源供应使能源净进口量得到控制,然迄今为止能效提升才发挥了最大的促进作用。自 1973 年以来,能效提升以及一小部分国内清洁能源供应,使得美国经济的碳排放强度下降了 61%。

7.1　展望未来:奥巴马总统设定的目标

奥巴马总统在 2013 年国情咨文中回顾了自他上任以来采取"上述所有措施"后美国的能源进展情况。虽然大多数措施聚焦在能源供应方面,但是总统同时明确了能源生产率(能源强度的数学倒数)的目标:

> "新的目标是到 2030 年美国能源生产率提高一倍。换言之,政府将采取行动,使得美国 2030 年的单位能耗经济产出在 2010 年的基础上翻番。"❶

奥巴马总统设定了目标,但是这一目标能够实现吗?

本书从能源政策三角开始表述(见图 7-1)。能源政策通常力求经济稳健增长、保护国内和国际环境,以及加强国内和国际安全。

第 1 章提出了能效提升有利于能源政策"三角"的三要素,同时指出最清洁的能源首

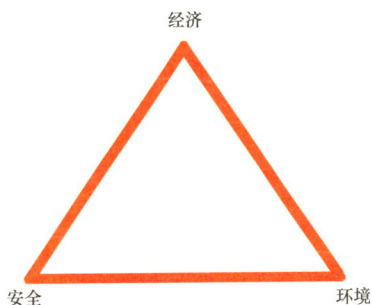

图 7-1　能源政策"三角"

---

❶ 资料来源: https://www.whitehouse.gov/the-press-office/2013/03/15/fact-sheet-president-obama-s-blueprint-clean-and-secure-energy-future。

先是不需要能源。

第 2 章表明了能效对经济有利的多种途径，通过降低空中和地面的交通成本、家居和企业的照明成本、计算机和工业加工成本、制冷成本等；同时保持建筑物内的温度舒适。此外，能效为联邦政府节省资金，对联邦赤字和贸易赤字的平衡产生有利影响。这主要体现在能效的提升能够避免建设昂贵的发电厂和输电线路，从而降低了公用事业的系统成本。

第 3 章展示了美国过去 40 年在能源强度方面发生的微小且分布广泛的变化，美国能源强度自 1973 年以来降低了 57％。与“有限能效”基准相比，自 1973 年能源危机以来能效提升减少了 80 千万亿 BTUs 的能源消耗量，能效所减少的能源消耗量远远大于美国国内所有一次能源的供应量。

第 4 章说明了能效对环境的有利影响。与所有清洁能源技术相比，能源强度下降对于降低美国碳排放强度和二氧化碳排放量来说更为重要，而能源强度的下降主要是受到能效提升的驱动。

第 4 章也表明了能效对安全大有裨益，并可以将能源进口量保持在可控水平。能效的提升使美国能够减少能源进口量，在能源方面自给自足，其作用比国内所有能源供应增加量发挥的作用更大。此外，全球气候变化与安全之间也存在着联系，全球气候变化极有可能造成武装冲突，引发几代环境难民等国际安全方面的重要问题。

由此，我们有充分的理由相信能效的进一步提升可以继续创造更多的利益。所以奥巴马总统的目标是值得实现的。

但是，总统的目标是否能够在目前的政策执行过程中实现呢？又是否能够在当前低油价的市场环境下实现呢？如果不能，过去 40 年能效的显著提升是否难以持续，甚至可能会被扭转？在本书的最后一部分，对这两种观点进行了讨论，首先回答了实现总统提出的目标的可能性。

在讨论过程中值得注意的是，读者应该牢记："做出预测很难，特别是关于未来的预测。"❷

7.2　展望未来：奥巴马总统的目标是否能够实现？

在目前的政策过程中和低油价的市场环境下，总统的目标是否可以实现？总的来说，实现的可能性极小。

要实现能源生产率翻番这一目标，需要能源强度❸从 2010 年开始平均每年降低 3.4%。而在奥巴马执政期间，能源强度平均每年仅下降 1.5%，远低于总统设立的目标。2010～2014 年能源强度下降的速度确实已经提高到每年 1.8%，比前两年更快，但仍然远低于实现能源生产力翻番目标所需要的速度。因此为了达到总统宣布的目标，2014～2030 年能源强度需要平均每年降低 3.8%。

1973～1985 年，美国经济的能源强度下降幅度最大，达到每年 2.7%。当时，能源政策受到高度关注，政府出台了许多能效政策并且能源价格很高。因此，要达成总统的目标，则要求美国具备远超过去 40 年中维持能效增长的条件。下文分段简要分析需要支持和放大的条件，以达到能源强度减半的目标（能源生产率翻番）。

虽然奥巴马总统设立了这个目标，但除了提高轿车和卡车的燃油效率标准之外，支持该目标的联邦政府行动很少❹。在奥巴马总统剩余任期以及接下来三个总统任期内，总统和国会在能效上的持续领导力将是目标达成的必要条件。但在这一点上，没有人知道 2017 年 1 月 20 日谁会当选总统，新总统会采

---

❷　笔者认为这个格言来自 Yogi Berra。但是其变体可以追溯到 K. K. Steincke、Jesse Markham、Bradford Hill、Neils Bohr、Mark Twain 和 Yogi Berra。请参阅：http://quoteinvestigator.com/2013/10/20/no-predict/。

❸　如上所述，能源生产率是能源强度的数学倒数。

❹　笔者没有把 EPA 清洁能源计划包含在内，因为尽管能效可以被纳入国家实施计划，但该计划主要针对清洁电力供应。

取什么行动，以及国会是否会同意这些行动。

译者注：2017年初唐纳德·特朗普当选美国总统，特朗普政府明确表示要放松CAFE标准，但截至本书翻译完成时，并未采取实质行动。

此外，如果没有公共和私营部门的利益相关方的广泛支持，联邦政府既没有权力也没有能力实现这一目标。如果要取得成功，就需要国家和地方政府的主动领导以及企业、非盈利组织和家庭的积极参与。国会和行政部门的领导层对于获得许多利益相关方的支持至关重要，但这只有在国会和总统积极发挥领导作用的前提下才能实现。

假设国会和未来的总统都支持这个目标，并能与大多数利益相关方合作，那么我们可以做些什么来在2030年实现能源强度减半的目标呢？能效的历史给了我们一些指导。

首先观察到的是，大多数节能技术是由私营机构开发的。因此，继续保持健康的创新型经济是至关重要的，否则几乎没有机会实现奥巴马总统设立的目标。

其次，能源价格的上涨对于个人、公司和政府采取提高能效的行动起着至关重要的激励作用。在未来，重要的是不要把上涨的能源成本与公司和个人相隔离。其中一项重要的能源成本是温室气体排放的外部成本。如果能将与温室气体排放相关的损害体现在碳税上并在整个经济中广泛实施，将有助于进一步提高能效。这样的碳税（特别是基于税收中性原则的碳税）是实现总统目标的关键要素❺。

但是，最近国际原油价格已经从以前的高位急剧下降（如图3-4所示）。同时，美国的天然气价格相对较低。所以，由于政府未能直接提高能源价格并采取高额碳税（或其他能源税），价格的激励作用将大大弱于1973~1985年的部分水平，而在此期间美国能源强度平均每年下降2.7%。

---

❺ 通过向纳税人退还碳税收入或减少个人和企业所得税，可以使碳税保持收入中性。但无论使用何种方案，为了起到正确的激励，退还给纳税人的额度不应取决于个人或公司实际支付的碳税。

目前相对较低的能源价格使得实施高额碳税成为实现奥巴马总统的目标所需制定策略中的一部分。

第三，由于研发在创新节能技术的发展和实践中起着至关重要的作用，因此，联邦政府继续寻求鼓励这种研发投入的方法是十分重要的。从近年来资助水平的下降情况来看，政府重新加大对能效研发的资助将是一个重要的起点，并将有助于实现总统设定的目标。政府行动不必局限于直接资金支持，也可以包括适当的税收优惠，而公私合营的伙伴关系可以充分利用稀缺资金。

尽管有上述提到的三方面条件支撑，经济有效的新技术的采用和实践仍然受到诸多阻碍。对于主要针对个人和家庭而不是公司的节能产品，其快速广泛的传播通常需要通过州、联邦和地方政府的政策、资金、激励措施或法规来支持。而通过行为改变来实现的节能实践，其扩散可能更慢，即使在公司层面通常也需要通过信息或教育计划来实现。

市场失灵和结构性障碍以及行为问题可能会从多方面受到进一步的攻击，不同的措施适用于应对不同的失败或障碍。如前几章所讨论的，目前许多这样的措施正在起作用，但其仍有继续完善的空间。

例如，信息障碍在整个能源系统中普遍存在。目前看来，未来持续解决信息障碍问题的一种方法是提供广泛传播的、精确的、关于能源选择的有效信息，其中包括提供关于设备操作和其他耗能设备的成本信息等。研讨会、讲习班和营销推广会可能适用于大型企业的信息传播，但对个人和小企业来说可能是不够的。能效标准持续发挥积极作用，特别是在顾客和租客购买或租赁家电、汽车或房屋之前难以了解产品能耗的时候作用更为显著。城市、县或州的能效政策可以考虑到当地情况，并可以将其加入到建筑许可中。

可以实施外部性税收来解决重要的外部因素（如排放温室气体）。在其他情况下，补贴是行得通的，例如鼓励更快速地采用新技术，特别是当有重要的学习效应或消费者通过口头宣传的方式了解新技术时。

此外，可以发明更多的工具来激励能效的进一步提高。许多类型的助推力正在发挥作用，并且能够延伸设计出更多的方法。其他的此类措施可能是节能行为的随机奖励；建筑物设备能耗的实时反馈；学校、教会和青年组织举行宣教活动；建筑楼宇、设备和工艺的示范演示；可持续的移动交通系统的启用等❻。存在着很多创造创新措施的机会，这些都将进一步提升能效。

联邦、州和地方政府以及其他参与方需要积极采用这种创新措施来实现奥巴马总统设定的目标。在未来，重要的是要认识到这些因素是高度关联的。实际上，其体现出来的整体效益已经远超各部分效益之和。

然而实际上目前联邦政府似乎不太可能采用此类措施。

鉴于目前能源价格低廉，且联邦政府不太可能采取各种额外政策措施来提高能效，奥巴马总统的能效目标似乎是不切实际的。

7.3 展望未来：能效的提升会停止吗？

那么相反的可能性呢？过去 40 年以来能效显著提升可能不会再持续，那可能会被扭转吗？我发现这种可能性也极小❼。

---

❻ 例如，参见在斯坦福地区由能源部高级研究计划局能源处（ARPA-E）资助的一些例子，http://peec. stanford. edu/energybehavior/index. php。

❼ 笔者不是唯一一个得出这个结论的人。能源部能源信息署最新的年度能源展望在其参考案例（表格于 2015 年 4 月发布）中，2015～2040 年能耗预计平均每年增长 0.3％，而实际 GDP 预计平均每年增长 2.4％。这意味着能源强度平均每年下降 2.1％。请参见：http://www. eia. gov/forecasts/aeo/tables _ ref. cfm。然而，这些预测是在原油价格下跌之前做出的。美国能源信息署低油价计划做出几乎相同的预测。请参见：http://www. eia. gov/forecasts/aeo/pdf/appc. pdf。埃克森美孚 2016 年发布的《能源愿景——展望 2040 年》认为，预计 2040年之前美国一次能源消费平均每年下降 0.1％，实际 GDP 平均每年增长 2.4％。这意味着能源强度平均每年下降 2.5％。请参阅：http://cdn. exxonmobil. com/~/media/global/files/out-look-for-energy/2016/2016-outlook-for-energy. pdf。

最明显的变化是原油价格的急剧下降，导致交通部门和部分采暖所使用的精炼石油产品的价格也在急剧下降。如图 3-4（原油名义价格和实际价格图，按 2015 年的美元价值换算）显示，原油价格在仅仅 17 个月内就从 2014 年 7 月的每桶 100 美元下降到 2015 年 12 月的每桶 30 美元（以下提及的美元均按 2015 年美元价值换算）。这大致相当于从 1981 年 3 月每桶 105 美元下降到 1986 年 7 月每桶 24 美元的降幅，并且由于此次变化较为突然，因而影响更加明显。

在 1986 年原油价格下跌后的 18 年里，实际油价波动在每桶 14～59 美元，平均油价与当前油价相当，为每桶 31 美元。迄今为止，石油价格在 18 年期间几乎相当。

那么未来油价会如何呢？最好的估算来自纽约商品交易所交易的石油期货价格。虽然期货价格在任何时候都不能用作长期的价格预测，但是在没有其他重要因素的影响下，期货价格会快速变化，成熟的石油交易商认为未来的石油价格落在这些期货价格的中位价格分布范围内是较为合理的。毕竟，未来的市场价格是基于市场中成熟交易者之间的经济合同交易，一部分成熟交易者认可购买合同用于远期交货、支付期货价格是经济有效的，而另外一部分成熟交易者同时认可出售同一份合同是经济有效的[8]。

截至 2016 年 2 月 24 日，2017 年 1 月交货的原油期货价格[9]为每桶 40 美元，2023 年 12 月交货的价格上涨至每桶 50 美元[10]。然而，原油期货合约（买进和卖出的选择权）表明，这些价格存在大量的不确定性。

因此，最稳健的预测是原油价格将在未来几年内缓慢上涨，按实际美元计

---

[8]　除了有不同的想法外，买方和卖方可能拥有不同的风险管理目标。

[9]　合同指定在俄克拉何马州的库欣交货，但合同可以在财务上结算，实际上没有交付石油。

[10]　数据访问来自 2016 年 2 月 24 日，请参阅：http://www.cmegroup.com/trading/energy/crude-oil/light-sweet-crude_quotes_settlements_futures.html。

算的价格将会高于 1986～2004 年的价格❶。

在此期间，如图 3-8（美国经济能源强度下降趋势图）所示，继以每年平均 2.7％的下降速率后，美国的能源强度的下降速度减慢，平均为每年下降约 1.7％。从历史中观察，有两点值得注意的是：①当石油价格急剧下降时，能源强度下降放缓；②当石油价格相对较低时，能源强度仍然以每年 1.7％的速度下降。此外，在油价相对较高的近十年中，能源强度继续以每年约 1.7％的速度下降。这种趋势是许多力量共同作用的结果，而不仅仅是由石油价格变化造成的。因此，历史记录表明，即使面对近期原油价格的大幅下跌，预测能源强度将继续以每年约 1.7％的速度下降也是合理的。

其他因素与美国经济范围内能源强度持续减少的预期保持一致。

几个因素暗示着交通领域的能源强度将可能持续下降。虽然符合标准会存在一些困难，但是汽车制造商仍然会尽力生产符合 CAFE 标准的汽车。当然，未来的美国总统也可能会改变这些标准，使它们变得相对宽松或者更加严格。因此，总统政治可能会给未来的汽车燃料经济带来不确定性。

虽然电动汽车的市场份额仍然很小，但其销售额有望增长。加州的零排放汽车指令和低碳燃料标准将加速电动汽车的市场普及。驾车人士觉得电动汽车十分有趣，并且具有卓越的性能。预计电动汽车的维修成本会低于传统内燃机汽车的维修成本。电动汽车每英里电费明显低于传统内燃机汽车每英里汽油成本。同时，电池成本也显著下降，这在降低了电动汽车成本的同时增加了汽车行驶里程。

电动汽车每英里能耗低于传统内燃机汽车，所以电动汽车的增长会促进能

---

❶ 请记住前文引用的格言："做出预测很难，特别是关于未来的预测。"并且记住，任何知道今后石油价格的人永远不会为了谋生而工作，因为那个人可以从石油期货市场上收获许多钱。而笔者认为他做不到这一点，必须为了谋生而工作！

源强度的下降。

另外，如图 2-5 所示（车辆行驶里程：所有美国道路图），汽车旅行的增长速度不如历史迅速。汽车行驶里程和每英里油耗均减少表明汽车能耗总量在未来几十年内可能会持续下降。

新型商用飞机已经推出，配备更高能效发动机的新机型正在出售，新推出的空客和波音系列飞机燃油效率显著高于被替代的旧机型。所以空中旅行会继续变得更加节能。航空公司出于经济利益将继续寻求填补所有坐席的方式，因此我们可以预测能效提升与增加的容量系数有关。

在商业和住宅照明方面，我们预计 LED 灯的市场渗透率会增加。目前，LED 灯只占有很小的市场份额。能源部提供的估算是，LED 灯大约占 A 型灯（典型的旋入式灯泡）安装总量的 2.4％，占定向灯安装总量的 5.8％，占所有室内照明的 2.8％。因此还有许多空间来提高市场渗透率。此外，在监管标准下，传统的照明也将继续提高能效。

公司将继续聘请节能专业人士和可持续发展专员，降低能耗所产生的经济效益通常超过用工成本；企业环境透明度项目（如碳信息披露项目）增加了企业降低能耗的动力；NRDC 和 EDF 等非政府组织将继续与公司合作，寻找节能机会。因此，我预期，企业是能够继续提升能效的。

即使没有新的联邦政府举措，州和地方政府也会有所行动。公用事业资助的能效计划将继续受到各州的监管。一半以上的州已经采用电气或天然气公用事业的脱钩机制。建筑规范要求在新建建筑物中提高能效标准。例如，加州的第 24 号建筑标准将继续削减新房的能耗。纽约州能源研究与发展管理局（NYSERDA）有各种各样的计划来提高能效。积极推进能效的六个区域组织预计会继续运作。几个州（亚利桑那州、加州、康涅狄格州、俄勒冈州和华盛顿州）设立了家用电器能效标准。其中某些州（例如加州）所设立的标准的影响力已经远远超出了本州的范围，成为了美国其他地区的实际标准。

简言之，能效的发展历史和目前正在进行的能效活动表明，只要美国能够维持40年来实现的能效提升格局，未来可以继续享受能效提升带来的诸多效益。通过适当的定价策略和政策培育私营和公共部门的能效意识，能效提升的趋势必将加速，进而为环境、国家安全和经济带来积极影响。

展望未来，预计美国的能效提升会延续能源危机之后40年以来的历史，因此，能效会继续塑造美国能源系统，带来经济脱碳的环境效益、能源净出口的安全效益，以及低成本的经济效益。

附录 A

发电的转换效率

经济生产需要电力[1]，而发电又需要一次能源。本研究中，能源消费量包括各生产部门用电所需的能源消费量以及直接消费的能源数量（例如天然气用于家庭供暖）。

如果一次能源的发电效率大幅提高，那么每个生产部门的一次能源消费量会减少。但发电转换效率只有小幅增加。因此，这种可能性为本研究中提出的能源节省做出的贡献较小。

这一点可以通过检查美国电力生产的平均热耗得出[2]。美国能源信息署公布的数据[3]如图 A-1 所示。图 A-1 显示，1973～2014 年，化石燃料、木材和可再生能源（黑色）和核能（红色）发电的热耗率下降了约 10％，2000 年后下降幅度最大。热耗率的变化对一次能源消费减少量起到的影响很小，而且这一变化主要发生在 2000 年以后。因此，各个图表中几乎所有的能源强度变化都基于这些耗能部门的终端使用效率。

---

[1] 电力通常被称为"二次能源"。根据 EIA 的定义，"二次能源"也被称为能源载体，因为它们以可用的形式把能源从一种形式转化为另一种形式。电力和氢气是两个知名的能源载体。

[2] 热耗率指的是每兆瓦时电力对应的一次能源百万 BTUs。

[3] 数据来源：http://www.eia.gov/totalenergy/data/monthly/pdf/sec13_6.pdf。

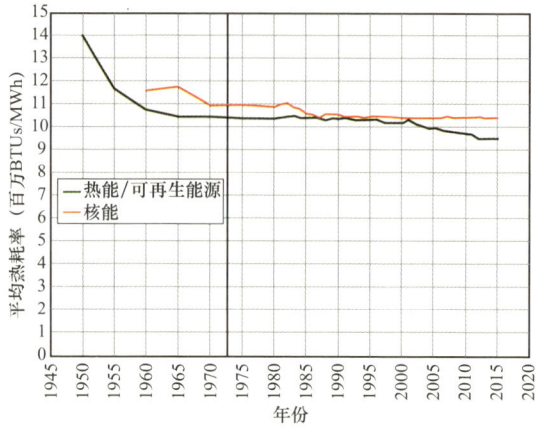

图 A-1　发电平均热耗率

资料来源：美国能源信息署。

附录 B

能源消费中碳排放强度的计算方法

能源的碳排放强度等于各单位一次能源的碳排放强度与其所占市场份额的乘积之和。一次能源碳排放强度和能源消费市场份额的相关数据来自美国能源信息署。在计算中，核能、生物质能、水电、风能、太阳能/光伏和地热能的碳排放量都被视为零。

如表 B-1 所示是 1973 和 2014 两年的数据。其他年份的数据以相同的方式计算。

表 B-1 还包括能源的碳排放强度影响因子计算结果，即特定能源碳排放强度与所有能源碳排放强度之差乘以该能源在所有能源的占比。例如，1973 年煤炭的平均碳排放强度为 93MMT/Q，所有一次能源的平均碳排放强度为 62.6MMT/Q。煤炭的碳排放强度影响因子为：（93.0－62.6）× 17.1%，即影响因子为 5.2。类似地，由于核能的碳排放强度低于平均水平，核能的碳排放强度影响因子为－0.8。因此，"能源的碳排放强度影响因子"指的是相比该年的平均碳排放强度，特定能源对碳排放强度的影响。所以，在 1973 年计算碳排放强度以 62.6MMT/Q 为基准，而 2014 年计算碳排放强度以 54.8MMT/Q 为基准。2014 年，煤炭的碳排放强度影响因子为 7.4，核电的碳排放强度影响因子为－4.6。

表 B-1　　　　　　　　　　能源的碳排放强度变化的计算❹

项目	煤炭	天然气	石油	核能	生物质	水力发电	风力	太阳能/光伏	地热	总计
1973 年										
碳排放强度	93.0	52.3	67.5	0.0	0.0	0.0	0.0	0.0	0.0	62.6
能源比例	17.1%	29.7%	46.0%	1.2%	2.0%	3.8%	0.0%	0.0%	0.0%	
碳排放强度影响因子	5.2	−3.0	2.3	−0.8	−1.3	−2.4	0.0	0.0	0.0	
2014 年										
碳排放强度	95.2	52.2	64.6	0.0	0.0	0.0	0.0	0.0	0.0	54.8
能源比例	18.3%	27.9%	35.4%	8.5%	4.8%	2.5%	1.8%	0.4%	0.2%	100.0%
碳排放强度影响因子	7.4	−0.7	3.4	−4.6	−2.7	−1.4	−1.0	−0.2	−0.1	
碳排放强度影响因子（基于 1973 年）	6.0	−2.9	0.7	−5.3	−3.0	−1.6	−1.1	−0.3	−0.1	−7.7
影响因子变化	0.7	0.1	−1.5	−4.5	−1.8	0.8	−1.1	−0.3	−0.1	
影响因子变化率	−10%	−2%	20%	59%	23%	−10%	14%	4%	2%	
市场份额变化	增加	减少	减少	增加	增加	减少	增加	增加	增加	

译者注："影响因子变化"应该为"碳排放强度影响因子（基于 1973 年）"与 1973 年"碳排放强度因子"之差，表格中数据未严格相等，可能是"4 舍 5 入"的缘故。

此外，表 B-1 中以 1973 年平均碳排放强度作为基准，给出了 2014 年的计算结果。计算方法与前文相同，区别在于参考值取 1973 的平均碳排放强度。因此，"碳排放强度影响因子，基于 1973 年"这一行数据是 2014 年特定能源碳排放强度与 1973 年所有能源碳排放强度之差乘以 2014 年该能源在所有能源的占比。例如，煤炭的碳排放强度影响因子为（95.2−62.6）×18.3%，即影响因子为 6.0。核能的碳排放强度影响因子为−4.6（译者注：此处疑为原作者笔误，应为−5.3）。

"影响因子变化"这一行表示 2014 年"碳排放强度影响因子，基于 1973

---

❹ 数据来自美国能源信息署，《每月能源评论》（2015 年 10 月）：表 12-1 各类能源的二氧化碳排放量；表 1-3 各类一次能源消费。

年"（煤炭为 6.0MMT/Q）与 1973 年"碳排放强度影响因子"（煤炭为 5.2MMT/Q）之差。其差值为 0.7MMT/Q（数据有问题），说明了 1973 年至 2014 年期间煤炭的市场份额和碳排放强度的增长导致煤炭的碳排放强度影响因子增加。

类似地，对于核能而言，影响因子变化是 2014 年"碳排放强度影响因子，基于 1973 年"（核能为 −5.3MMT/Q）与 1973 年"碳排放强度影响因子"（核能为 −0.8MMT/Q）之差。其差值为 −4.5MMT/Q。这表明，1973 年至 2014 年核能的市场份额的增长导致核能的碳排放强度影响因子下降 4.5MMT/Q。

所有这些变化的总体影响导致能源消费的碳排放强度从 62.6MMT/Q 降至 54.8MMT/Q，差值为 7.7MMT/Q。

特定能源"影响因子变化率"表示其影响因子变化占所有能源因子变化之和（7.7MMT/Q）的比例。这表明，随着市场份额的增加，核能技术带来的碳排放强度减少量占总减少量的 59%。类似地，随着市场份额的增加，生物质技术带来的碳排放强度减少量占总减少量的 23%。随着市场份额的下降，石油带来的碳排放强度减少量占总减少量的 20%。随着市场份额的增加，风能、太阳能/光伏和地热带来的碳排放强度减少量分别占总减少量的 14%、4% 和 2%。煤炭恰恰相反，煤炭影响因子变化率为 −10%，即其增加的平均碳排放强度占总减少量的 10%。水电影响因子变化率为 −10%，即由于市场份额下降，其增加的平均碳排放强度占总减少量的 10%。

胡佛研究院 Shultz-Stephenson 能源政策工作小组

胡佛研究院的 Shultz-Stephenson 能源政策工作小组研究了美国能源政策及其对美国国内和国际政治优先事项的影响，特别是对美国国家安全的影响。

由于能源价格波动和上涨以及全球对气候变化的担忧日益加剧，并对国家安全的威胁以及能源使用对全球气候的不利影响，导致对这两个紧密相联、引人注目问题的研究已然成为美国能源政策的重要辅助手段。该工作小组会详细探讨这些问题。其目标是收集当前科学技术发展的全面信息、调查有关政策行动，并提出一系列规范性政策来应对各种能源挑战。工作小组重点关注从个人到全球级别的公共政策。继而推荐各种规模的政策，使它们能够单独或一起借助私人企业，还有政府的优势。

索　引